Wally Munro
2705 Moncton Rd.
Ottawa
828.5562

D0815541

LE NOUVEAU BESCHERELLE

l'art de conjuguer

DICTIONNAIRE
DES HUIT MILLE VERBES USUELS

NOUVELLE ÉDITION
ENTIÈREMENT REMISE A JOUR

VENDUE EXCLUSIVEMENT AU CANADA PAR HURTUBISE H.M.H. LTÉE

ÉDITIONS HURTUBISE H.M.H. Ltée - Tél. 849-63-81

380 ouest, rue Saint-Antoine - MONTRÉAL H2Y1J9

© HURTUBISE H.M.H. 1972

ISBN 2 - 218 - 00921 - 8

AVERTISSEMENT

Aujourd'hui, peut-être encore plus qu'hier, la conjugaison des verbes reste la principale difficulté de notre langue. Or sur ce point les manuels de grammaire et les dictionnaires se révèlent dans la pratique ou insuffisants ou trop compliqués. Précisément l'objet de ce livre est de parer le plus commodément possible aux défaillances de la mémoire ou aux hésitations de l'usage. Le succès qu'il a rencontré nous avait déjà encouragé à améliorer sa présentation et, par le jeu de la couleur, à le rendre d'une consultation plus claire et plus aisée. C'est pour en faire un guide encore plus sûr et plus efficace que nous avons décidé ce nouveau rajeunissement. Nous en avons profité pour rajuster plus radicalement que dans les éditions précédentes certains détails qui reflétaient un état de la langue décidément vieilli : le «Bon Usage» tel que le décrit GREVISSE n'est plus celui que consignaient, il y a plus de cent ans, les frères BESCHERELLE. Une langue qui vit laisse peu à peu mourir les termes désuets pour donner droit de cité aux néologismes nés de besoins nouveaux et consacrés par la pratique des écrivains contemporains. C'est ainsi que la liste des verbes usuels a été révisée profondément, à la lumière, pour l'essentiel, de témoins aussi sûrs et aussi bien informés que le Dictionnaire de l'Académie (8e édition, 1935) et le Nouveau Littré (1964).

Pratiquement, lorsqu'un verbe fait difficulté, il suffit de le chercher dans la liste alphabétique placée à la fin du volume (p. 104 à 160) : le numéro indiqué en vis-à-vis renvoie au tableau où ce verbe se trouve entièrement conjugué à la forme active, ou à défaut, le verbe type auquel il emprunte rigoureusement toutes les terminaisons. Ainsi la liste de tous les verbes usuels de la langue française est précédée de 82 tableaux de conjugaison, référencés par des numéros d'ordre indépendants de la pagination, dont l'ensemble constitue la partie centrale de l'ouvrage (p. 18 à 103).

Mais ce livre a une autre fin : il permet l'étude systématique du verbe français, grâce à l'exposé grammatical placé en tête (p. 4 à 16); grâce à de nombreuses remarques de bas de pages qui signalent les particularités de conjugaison; grâce aussi aux tableaux des conjugaisons-types, disposés méthodiquement et classés non seulement par groupes de verbes mais aussi par similitude de finales, la couleur elle-même mettant en relief les formes caractéristiques qui donnent la clé de chaque conjugaison.

Puisse donc ce BESCHERELLE moderne, loin de déconcerter les fidèles usagers du précédent, aider mieux encore que par le passé, tous ceux, petits et grands, Français et étrangers, qui veulent s'initier aux difficultés et aux délicatesses de notre conjugaison et qui ont le souci de s'exprimer avec pureté et correction dans le français du XXe siècle.

A. D.

GRAMMAIRE DU VERBE

1 DÉFINITION DU VERBE

On appelle verbes les mots qui expriment qu'une personne ou une chose existe, est dans tel ou tel état, fait telle ou telle action.

Pierre **est** *sage. Le chat* **mange** *la souris. La terre* **tourne.**

Manière de reconnaître un verbe

On reconnaît qu'un mot est un verbe quand on peut mettre devant ce mot un des pronoms : **je, tu, il, nous, vous, ils,** ou encore les mots : **il faut, il ne faut pas, on peut, on doit,** etc. - Ainsi : *mentir, travailler, travaille, travaillons,* etc., sont des verbes parce qu'on peut dire : *Je travaille, nous travaillons, il faut travailler.*

2 DU SUJET DU VERBE

On appelle ainsi le mot représentant la personne, l'animal, ou la chose *qui existe, qui fait l'action* ou *qui est dans l'état* exprimé par le verbe :

La **terre** *est ronde;* **Paul** *étudie.*

Le sujet d'un verbe est ordinairement un **nom,** un **pronom,** ou un **infinitif.**

Le **travail** *ennoblit l'homme,* **il** *allège ses peines;* **travailler** *est un devoir.*

Manière de trouver le sujet

Pour trouver le sujet d'un verbe, on fait, **avant** ce verbe, la question **qui est-ce qui?** pour les personnes, ou **qu'est-ce qui?** pour les choses : *Louise parle :* **qui est-ce qui** *parle? Louise. - Le repentir efface tout :* **qu'est-ce qui** *efface? Le repentir.*

Louise, le repentir sont les **sujets.**

3 DU VERBE ET DE L'ATTRIBUT

L'attribut marque la qualité, bonne ou mauvaise, que l'on attribue ou que l'on refuse au sujet par l'intermédiaire d'un verbe :

Cette histoire est **amusante.**

Il est ordinairement uni au sujet par les verbes *être, paraître, sembler, passer pour, être regardé comme,* etc.

Le complément d'objet direct peut également être construit avec un attribut :

J'ai trouvé cette histoire **amusante.**

L'attribut est ordinairement :

- Un adjectif : *L'homme est* **mortel;**
- Un nom : *La vie est un* **combat;**
- Un pronom : *Le coupable, c'est* **moi;**
- Un infinitif : *Vouloir, c'est* **pouvoir.**

4 DU COMPLÉMENT DU VERBE

Les *compléments du verbe* sont les mots qui **précisent** ou **complètent** l'idée exprimée par le verbe :

J'ai visité **Le Havre** *avec* **mes parents** *pendant* **les vacances.**

Diverses sortes de compléments

Au point de vue du **sens**, on distingue les *compléments d'objet* des autres compléments : *compléments d'attribution, de circonstances,* etc.

● **Compléments d'objet.** On appelle *complément d'objet* le mot désignant la personne, l'animal ou la chose sur lesquels s'exerce ou passe l'action exprimée par le verbe :

J'aime **mes parents,** *je flatte* **mon chien,** *je vois* **la mer.**

Ces mots : *parents, chien, mer,* sont des **compléments d'objet.**

Lorsque les compléments d'objet ne sont pas précédés d'une préposition, ils sont *compléments d'objet direct : J'aime* **mon père.**

Le complément d'objet direct est ordinairement :

- Un nom :   *Je connais mon* **devoir;**
- Un pronom :   *Je* **vous** *vois;*
- Un infinitif :   *Je veux* **partir;**
- Une proposition :   *Je crois* **qu'il reviendra demain.**

On trouve le complément d'objet direct d'un verbe en posant, après ce verbe, la question **qui** pour les *personnes,* la question **quoi** pour les *choses* (sauf après les verbes qui participent du sens de **être** et se construisent avec un attribut).

Lorsque le complément d'objet est précédé d'une préposition exprimée ou sous-entendue, il est *complément d'objet indirect :*

Je pense à **l'avenir;** *je* **vous** *parle; je me souviens du* **passé.**

● **Autres compléments.** Le verbe peut être complété par des mots moins indispensables au sens que les compléments d'objet. On les range pour la plupart sous le titre de **compléments circonstanciels** : ils font connaître à quel endroit, à quel moment, de quelle manière, par quel moyen, pour quelle raison, dans quelle intention, etc. se fait l'action exprimée par le verbe :

On doit aimer ses parents à **tout âge** *et de* **tout son cœur.**

Pierre m'a frappé avec un **bâton.**

Ce sont les compléments circonstanciels de lieu, de temps, de manière, de moyen, de cause, de but, etc.

On trouve les compléments qui marquent ces circonstances en posant après le verbe une des questions : **où?, quand?, comment?, au moyen de quoi?, pourquoi?, dans quelle intention?** *Étudiez pendant votre jeunesse :* Étudiez quand?... *Travaillez avec courage :* Travaillez comment?...

Aux compléments circonstanciels se rattache le **complément d'attribution** qui désigne la personne à qui on donne ou on refuse, en faveur ou au détriment de qui l'action se fait : *J'ai donné un livre à mon petit* **voisin.**

Il faut mettre à part le **complément d'agent,** spécial au verbe passif et qui indique par qui ou par quoi est faite l'action subie par le sujet :

Pierre est aimé de ses **parents.**

5 DE LA PERSONNE DANS LES VERBES

Il y a trois personnes dans les verbes.

La première personne est celle qui parle : elle est représentée par les pronoms : *je* au singulier, *nous* au pluriel.

La deuxième personne est celle à qui l'on parle : elle est représentée par les pronoms : *tu* au singulier, *vous* au pluriel.

La troisième personne est celle de qui l'on parle : elle est représentée par les pronoms : *il, elle,* etc., ou un nom au singulier; *ils, elles,* etc., ou un nom au pluriel.

6 DU NOMBRE DANS LES VERBES

Il y a, dans les verbes, deux *nombres* : **le singulier** : *Je lis, l'enfant dort;* **le pluriel** : *Nous lisons, les enfants dorment.*

7 DES TEMPS DANS LES VERBES

Il y a trois catégories principales de temps :

1. Le **présent** qui indique que l'action se fait, ou que l'état dure au moment même où l'on parle. *Je mange* est au présent, parce que l'action de manger se fait au moment où l'on parle.

2. Le **passé** qui indique que l'action se faisait ou s'est faite, que l'état durait avant le moment où l'on parle. *J'ai mangé* est au passé, parce que l'action de manger a déjà été accomplie.

3. Le **futur**, qui indique que l'action se fera ou que l'état durera après le moment où on parle. *Je mangerai* est au futur, parce que l'action de manger ne se fera que plus tard.

Temps du passé

Il y a cinq temps destinés à indiquer les diverses sortes de passé.

1. L'**imparfait,** qui marque que l'action, passée par rapport au moment où l'on parle, était encore inachevée, imparfaite, par rapport à une autre action également passée :

   Je **lisais** *quand vous êtes entré.*

Il marque également l'habitude, la répétition dans le passé :

   Je me **promenais** *tous les jours.*

Il s'emploie enfin pour situer dans le passé une description, une peinture, une action d'une certaine durée :

   L'onde **était** *transparente. Le malade* **s'affaiblissait** *de jour en jour.*

2. Le **passé simple** qui marque que l'action a eu lieu dans une époque passée, plus ou moins déterminée, mais totalement écoulée. C'est le temps du récit des événements passés :

   En huit ans César **conquit** *la Gaule.*

3. Le **passé composé** qui marque une action passée ayant quelque rapport avec le moment présent soit par ses résultats soit par tel ou tel de ses aspects :

   Il y a deux mille ans que César **a conquis** *la Gaule.*

4. Le **passé antérieur** qui marque une action passée ayant eu lieu avant une autre également passée quand celle-ci s'exprime par le passé simple :

*Quand j'***eus dîné,*** je partis.*

5. Le **plus-que-parfait** qui marque une action passée ayant eu lieu avant une autre également passée quand celle-ci s'exprime par l'imparfait :

*Quand j'***avais dîné,*** j'allais me promener.*

Temps simples et temps composés

Les temps des verbes à la forme active sont *simples* ou *composés*.

Les temps simples sont ceux où le verbe s'exprime par un seul mot, non compris le pronom : *Chantant, je chanterai, elle chanta, nous dînerons.*

Les temps composés sont formés de l'auxiliaire *avoir* ou *être* et du *participe passé* du verbe que l'on conjugue : *Avoir chanté, nous avons lu, ils auraient dansé.*

8 DU MODE DANS LES VERBES

On appelle *modes* les différentes inflexions que prend le verbe pour exprimer de quelle manière, dans quelles conditions l'action se fait, l'état se présente. Il y a six modes :

1. L'**indicatif**, qui affirme que la chose *est*, qu'elle *a été*, ou qu'elle *sera* :

Je **lis,** *j'ai* **lu,** *je* **lirai.**

2. Le **conditionnel**, qui exprime qu'une chose *serait* ou *aurait été*, moyennant une condition :

Je **lirais** *si j'avais un livre ; j'***aurais lu** *si j'avais eu un livre.*

Il exprime également l'éventualité, l'affirmation atténuée.

Il était à l'origine un simple temps de l'indicatif exprimant le futur dans un contexte au passé. C'est ce futur de concordance que l'on emploie après un verbe principal au passé :

Je croyais qu'il **viendrait,** *par opposition à : Je crois qu'il* **viendra.**

3. L'**impératif**, qui exprime une *prière*, un *commandement*, une *défense* :

Lis, mange, sors, *ne* **viens** *pas.*

4. Le **subjonctif**, qui présente l'action ou l'état du sujet sous la dépendance d'un autre verbe exprimant la *nécessité*, la *volonté*, le *désir*, la *crainte*, le *doute* :

Il faut qu'il **vienne ;** *je veux qu'il* **parte ;** *je désire qu'il* **fasse** *cela.*

5. L'**infinitif**, qui exprime l'action ou l'état du sujet d'une manière vague, sans nombre, ni personne ; c'est un véritable nom verbal :

Lire, manger, dormir.

6. Le **participe** qui exprime l'idée verbale sous forme d'adjectif sans caractéristiques de personne et de nombre :

Aimant, aimé.

Modes personnels et modes impersonnels

Les **modes personnels** sont ceux où le verbe varie selon la personne ou le nombre du sujet. Ce sont l'*indicatif*, le *conditionnel*, l'*impératif* et le *subjonctif* :

Je **cours,** *je* **partirais, sors,** *que je* **sorte.**

Les **modes impersonnels** sont ceux où le verbe n'est point soumis à ces variations, c'est-à-dire ne s'accorde point en personne avec le sujet. Ce sont l'*infinitif* et le *participe* :

Aimer, avoir aimé, aimant, aimé.

9 DES DIFFÉRENTES ESPÈCES DE VERBES

Les verbes se présentent sous trois formes ou voix : la forme active, passive et pronominale.

● **Verbes à la forme active**   voir tableau 6

Le verbe est à la forme active lorsque le sujet *fait l'action* :

    Je **caresse** *mon chien.*

Les verbes à la forme active peuvent être transitifs ou intransitifs[1].

Le verbe est *transitif* lorsque l'action faite par le sujet passe sur un complément d'objet.

Si le verbe transitif peut avoir un complément d'objet *direct*, il est *transitif direct* :

    *J'***aime** *mon père.*

S'il peut seulement avoir un complément d'objet *indirect*, il est *transitif indirect* :

    Je **pense** *à mon père.*

Le verbe est intransitif s'il exprime un état ou une action qui demeurent dans le sujet, sans être transmis à un complément d'objet, direct ou indirect :

    La mer **mugit** ; *il* **dort** *profondément.*

NOTA. Un verbe ordinairement transitif peut être *accidentellement* intransitif, quand il est employé sans complément d'objet : *L'élève* **lit**, **écrit** *et* **étudie** *avec attention.*

● **Verbes à la forme passive**   voir tableau 3

Le verbe est à la forme passive lorsque le sujet *subit, reçoit l'action* exprimée par ce verbe et faite par un **complément d'agent** :

    Mon chien **est caressé** *par moi.*

La *forme passive* est faite de l'auxiliaire *être* suivi du participe passé d'un verbe transitif direct :

    Qu'il **soit amené. Avoir été pris.**

Pour faire passer une phrase de la *forme active* à la *forme passive*, on prend le **complément d'objet direct** du verbe transitif et on en fait le **sujet** du verbe à la forme passive, en employant l'auxiliaire **être** au même temps que le verbe transitif.

FORME ACTIVE : *La fortune* **aveugle** *l'homme.*

FORME PASSIVE : *L'homme* **est aveuglé** *par la fortune.*

Comme on le voit, le sujet du verbe transitif devient, à la forme passive, complément d'agent.

Réciproquement, pour faire passer un verbe du *passif* à *l'actif*, on prend le **complément d'agent** du verbe à la forme passive, et on en fait le **sujet actif** du verbe transitif :

FORME PASSIVE : *Vercingétorix* **fut vaincu** *par César.*

FORME ACTIVE : *César* **vainquit** *Vercingétorix.*

---

1. L'adjectif : *transitif*, qui vient du latin *transire*, signifie : *qui fait passer* ; *intransitif*, qui a même origine, signifie : *qui ne fait pas passer.*

● **Verbes à la forme pronominale**   voir tableau 4

Le *verbe pronominal* est un verbe qui se conjugue avec un pronom personnel de la même personne que le sujet et désignant le même être que lui.
Le sujet du verbe pronominal peut être un nom : **Paul** *se lève.* S'il y a deux pronoms, le premier de ces pronoms est *sujet*, le second est *complément :* **Tu te** *nuis :* tu (sujet) nuis à qui? *à toi*, remplacé par *te*, complément d'objet indirect.

Verbes pronominaux réfléchis - Verbes pronominaux réciproques. Lorsque l'action faite par le sujet passe, se réfléchit sur le sujet lui-même, on dit que le verbe est **pronominal réfléchi :**
   Je **me lève.**

Lorsque plusieurs sujets font *les uns sur les autres* l'action marquée par le verbe, on dit que le verbe est **pronominal réciproque :**
   Le chien et le chat **se battent.**

Verbes essentiellement pronominaux - Verbes pronominaux à sens passif. Certains verbes ne sont employés qu'à la forme pronominale : ils sont appelés verbes *essentiellement pronominaux : Se repentir, s'abstenir, s'emparer, etc.* Le pronom ne s'analyse jamais indépendamment du verbe.
   Les troupes **se sont emparées** *de la forteresse.*

D'autres verbes, accidentellement pronominaux, sont les équivalents exacts des mêmes verbes à la forme passive :
   Les vendanges **se font** *en automne = les vendanges sont faites en automne.*

● **Forme impersonnelle**

Les verbes impersonnels sont ceux dont le sujet **il** ou **ce** ne représente *rien :*
   Il **pleut,** *il* **neige,** *c'est une tempête.*
Les verbes impersonnels ne s'emploient qu'à la 3e personne du singulier.

On distingue :

1. Les verbes *essentiellement impersonnels*, c'est-à-dire qui ne peuvent se conjuguer qu'à la forme impersonnelle, comme : **Il faut.**

2. Les verbes *accidentellement impersonnels* comme : **il fait beau, il y a** *des gens vertueux,* **il arrive** *un malheur*, etc. *Il fait, il y a, il arrive,* sont des emplois impersonnels des verbes normaux *faire, avoir, arriver,* pris dans des acceptions particulières.

Conjugaison. Les verbes impersonnels n'ont pas d'*impératif.*

REMARQUE. Le sujet grammatical **il** ne représentant ni une personne, ni une chose n'est pas le sujet réel; ce dernier est placé après le verbe :
   Il tombe de gros **flocons** *de neige : il* sujet apparent; *flocons,* sujet réel.

10   DU RADICAL ET DE LA TERMINAISON DU VERBE

Il y a deux parties dans un verbe : le **radical** et la **terminaison;** le radical reste invariable, la terminaison varie.
Pour trouver le radical d'un verbe, il suffit d'en retrancher l'une des terminaisons de l'infinitif : **er, ir, oir** et **re.** Ex. : **er** dans *chant***er, ir** dans *roug***ir,** etc., **radical :** *chant, roug.*

11 DES TROIS GROUPES DE VERBES

Il y a, en français, *trois groupes de verbes*, qui se distinguent surtout d'après les terminaisons de l'infinitif, de la première personne de l'indicatif présent, du participe présent.

● Le 1er groupe renferme les verbes terminés en **er** à l'infinitif et par **e** à la première personne du présent de l'indicatif : *Aim***er**, *j'aim***e**.

● Le 2e groupe renferme les verbes terminés par **ir** et ayant l'indicatif présent en **is** et le participe présent en **issant** : *Fin***ir**, *je fin***is**, *fin***issant**.

● Le 3e groupe comprend tous les autres verbes :
- Le verbe *aller*.
- Les verbes en **ir** qui n'ont pas l'indicatif présent en **is** et le participe présent en **issant** : *Cueill***ir**, *part***ir**;
- Les verbes terminés à l'infinitif, en **oir** ou en **re** : *Recev***oir**, *rend***re**.

NOTA. Les verbes nouveaux sont presque tous du 1er groupe : *téléviser, atomiser, radiographier,* etc.; quelques-uns du 2e : *amerrir.*

Le 3e groupe avec ses quelque 350 verbes est une conjugaison morte. A la différence des deux premiers groupes qui sont de type régulier, c'est lui qui compte le plus grand nombre d'exceptions et d'irrégularités de toute la conjugaison française.

Pour les terminaisons propres à ces 3 groupes : voir tableau 3.

12 DES VERBES AUXILIAIRES

Il y a deux verbes que l'on appelle *auxiliaires*, parce qu'ils servent à conjuguer tous les autres; ce sont les verbes **avoir** et **être**.
Pour leur conjugaison, voir tableau 1 (**avoir**) et tableau 2 (**être**).
Pour leur emploi voir ces tableaux et surtout, Nota page 104. En résumé :
- *la forme active* utilise l'auxiliaire **avoir** (sauf quelques verbes intransitifs qui se conjuguent avec l'auxiliaire *être*);
- *la forme passive* utilise l'auxiliaire **être**;
- *la forme pronominale* utilise l'auxiliaire **être** qui s'est substitué à **avoir** dans les verbes réfléchis et dans les verbes réciproques.

13 DE L'ACCORD DU VERBE AUX MODES PERSONNELS

UN SEUL SUJET

RÈGLE : Le verbe s'accorde avec son sujet en nombre et en personne :

Pierre est là. Tu arrives. Nous parlons. Ils reviendront.

Cas particuliers

● **Qui**, sujet, impose au verbe la personne de son antécédent : *C'est* **moi** *qui* **suis** *descendu le premier* et non *qui* **est** *descendu.*
Cependant après les expressions *le premier qui, le seul qui,* le verbe peut toujours se mettre à la 3e personne :
Tu es le seul qui en **sois** *capable* ou *qui en* **soit** *capable.*

● **Noms collectifs.** Quand le sujet est un nom singulier du type *foule, multitude, infinité, troupe, groupe, nombre, partie, reste, majorité, dizaine, douzaine,* etc., suivi d'un complément de nom au pluriel, le verbe se met au singulier ou au pluriel selon que l'accent est mis sur l'ensemble ou au contraire sur les individus :

> *Une* **foule** *de promeneurs* **remplissait** *l'avenue.*

> *Un grand nombre de* **spectateurs manifestèrent** *bruyamment leur enthousiasme.*

● **Adverbes de quantité.** Quand le sujet est un adverbe tel que *beaucoup, peu, plus, moins, trop, assez, tant, autant, combien, que,* ou des locutions apparentées : *nombre de, quantité de, la plupart,* que ces mots soient suivis ou non d'un complément, le verbe se met au pluriel, à moins que le complément ne soit au singulier :

> *Beaucoup de candidats se présentèrent au concours mais combien ont échoué !*

> *Peu de monde était venu.*

REMARQUE : *Le peu de* veut, selon la nuance de sens, le singulier ou le pluriel :

> *Le peu d'efforts qu'il fait* **explique** *ses échecs* = la quantité insuffisante d'efforts.

> *Le peu de mois qu'il vient de passer à la campagne lui* **ont fait** *beaucoup de bien* = les quelques mois.

Plus d'un veut paradoxalement le singulier, alors que *moins de deux* veut le pluriel :

> *Plus d'un le* **regrette** *et pourtant moins de deux semaines seulement se* **sont écoulées** *depuis son départ.*

Un (e) des ... qui veut d'habitude le pluriel mais c'est le sens qui décide si le véritable antécédent de **qui** est le pronom indéfini **un,** et alors le verbe se met au singulier, ou si c'est le complément partitif, et alors le verbe se met au pluriel :

> *C'est un des écrivains de la nouvelle école qui a obtenu le prix.*

> *C'est un des rares romans intéressants qui aient paru cette année.*

● **Verbes impersonnels.** Toujours au singulier, même si le sujet réel est au pluriel :

> *Il tombait de gros flocons de neige.*

Cependant, si l'on doit dire : *c'est nous, c'est vous,* il est préférable de dire : *ce sont eux, c'étaient les enfants,* plutôt que *c'est eux, c'était les enfants.*

PLUSIEURS SUJETS

RÈGLE. S'il y a plusieurs sujets, le verbe se met au pluriel :

> *Mon père et mon oncle chassaient souvent ensemble.*

Si les sujets sont de différentes personnes, la 2e l'emporte sur la 3e, et la 1re sur les deux autres :

> *François et toi, vous êtes en bons termes.*

> *François et moi, nous sommes en bons termes.*

CAS PARTICULIERS

1. Sujets coordonnés

- par **et** : Le pronom* *l'un et l'autre* veut le pluriel mais le singulier est correct : *L'un et l'autre se disent,* ou moins couramment, *se dit.*

- par **ou,** par **ni.** Le verbe se met au singulier si les sujets s'excluent : *La crainte ou l'orgueil l'a paralysé. Ni l'un ni l'autre n'emportera le prix.*

Le verbe se met au pluriel si les sujets peuvent agir en même temps : *Ni l'oisiveté ni le luxe ne font le bonheur. La peur ou la misère ont fait commettre bien des fautes* (Ac.).

- par **comme, ainsi que, avec.** Le verbe se met au pluriel si ces mots équivalent à **et** : *Le latin, comme le grec, sont des langues anciennes.*

Le verbe se met au singulier si ces mots gardent leur valeur grammaticale propre : *Le latin, comme le grec, possède des déclinaisons* (comparaison).

2. Sujets juxtaposés ou coordonnés

- *désignant un être unique :* le verbe se met au singulier : *C'est l'année où mourut mon oncle et mon tuteur.*

- *formant une gradation :* le verbe s'accorde avec le dernier terme; surtout si celui-ci récapitule tous les autres (en particulier *chacun, tout, aucun, nul, personne, rien...*) : *Femmes, moine, vieillards,* **tout** *était descendu.*

14 DE L'ACCORD DU PARTICIPE PRÉSENT

RÈGLE : Employé comme verbe, c'est-à-dire exprimant une action, le participe présent est invariable; il est alors souvent accompagné de complément d'objet ou de circonstance ou précédé de la préposition **en.** Adjectif, il s'accorde.

> *L'orateur aborda des questions* **intéressant** *patrons et ouvriers. Il donna des précisions* **intéressantes.**
>
> *La fortune vient en* **dormant.** *Méfiez-vous des eaux* **dormantes.**

Il subsiste encore quelques traces de l'ancien usage qui faisait accorder au moins en nombre tous les participes présents sauf ceux précédés de en (cf. La Fontaine : *gens portants bâtons et mendiants*). Telles ces expressions : *les ayants droits, toutes affaires cessantes.*

Sont invariables : *soi-disant, battant neuf, flambant neuf,* mais on peut dire *huit heures sonnantes* ou *sonnant.*

REMARQUE. Beaucoup de participes présents terminés par **quant** ou **guant** s'écrivent **cant** ou **gant** quand ils sont pris comme adjectifs ou comme noms :

> *Il dompta les jeunes taureaux en les* **fatiguant :**
> *il leur imposa des travaux* **fatigants.**

On distingue ainsi : communi*quant* et communi*cant,* convain*quant* et convain*cant;* extrava*guant* et extrava*gant,* fabri*quant* et fabri*cant* (nom), fati*guant* et fati*gant,* intri*guant* et intri*gant,* navi*guant* et navi*gant,* provo*quant* et provo*cant,* suffo*quant* et suffo*cant,* va*quant* et va*cant.* Mais on orthographie identiquement, qu'ils soient verbes, adjectifs ou noms : *attaquant, croquant, manquant, piquant, pratiquant, trafiquant.*

15 DE L'ACCORD DU PARTICIPE PASSÉ

1 PARTICIPE PASSÉ EMPLOYÉ SANS AUXILIAIRE

RÈGLE. Le participe passé employé sans auxiliaire s'accorde avec le nom (ou pronom) auquel il se rapporte comme un simple adjectif :
> *L'année passée. Des fleurs écloses. Vérification faite.*

Cas particuliers

• *Attendu, y compris, non compris, excepté, supposé, vu,* etc.

- placés devant le nom sont traités comme des mots-outils et de ce fait sont invariables :
> *Excepté les petits enfants, toute la population de l'île fut massacrée.*

- placés après le nom, ils sont sentis comme de vrais participes et s'accordent :
Les petits enfants exceptés...

• *Étant donné* placé en tête peut s'accorder ou rester invariable :
Étant donné les circonstances ou *Étant données les circonstances...*
Mais on dira toujours : *Les circonstances étant données...*

• *Ci-joint, ci-inclus,* etc., devenus mots-outils, sont invariables en tête de phrase ou devant un nom sans article :
> *Ci-inclus la quittance. Vous trouverez ci-inclus copie de la lettre.*

Après un nom, véritables participes, ils s'accordent :
> *Vous voudrez bien acquitter la facture ci-jointe.*

Cependant l'accord est facultatif quand ils précèdent un nom accompagné de l'article :
> *Vous trouverez ci-inclus* ou *ci-incluse la copie de la lettre.*

2 PARTICIPE PASSÉ EMPLOYÉ AVEC L'AUXILIAIRE ÊTRE

RÈGLE : Le participe passé conjugué avec l'auxiliaire *être* s'accorde en genre et en nombre avec le sujet du verbe :
> *Ces fables seront* **lues** *à haute voix.*
> *Nous étions* **venus** *en toute hâte. Tant de sottises ont été* **faites.**

Cette règle vaut pour les temps composés de quelques verbes intransitifs à la forme active et pour tous les temps de tous les verbes à la forme passive. Pour les verbes pronominaux, voir ci-dessous, cas particuliers.

3 PARTICIPE PASSÉ EMPLOYÉ AVEC L'AUXILIAIRE AVOIR

RÈGLE : Le participe passé conjugué avec l'auxiliaire *avoir* s'accorde avec le complément d'objet direct placé avant le verbe. S'il n'y a pas de complément d'objet direct, ou si le complément d'objet direct est placé après le verbe, le participe passé reste invariable :
> *Je n'aurais jamais* **fait** *les sottises qu'il a* **faites.**
> *As-tu* **lu** *les journaux? Je les ai bien* **lus** *mais la nouvelle m'a échappé : j'ai* **lu** *trop rapidement.*

Cette règle vaut pour les temps composés de tous les verbes à la forme active, à part les quelques verbes intransitifs signalés comme se conjuguant avec **être.**

4 CAS PARTICULIERS

● **Participes conjugués avec être**

Verbes pronominaux. Le participe passé des verbes essentiellement pronominaux ou des pronominaux de sens passif (cf. p. 9) se conjugue avec l'auxiliaire **être** et s'accorde tout à fait normalement avec le sujet :

> *Les paysans se sont* **souvenus** *que l'an passé les foins s'étaient* **fauchés** *très tard.*
(*souvenus* accordé avec *paysans* et *fauchés* accordé avec *foins*).

Au contraire, dans les verbes réfléchis ou réciproques (cf. p. 9), l'auxiliaire **être** étant mis pour **avoir,** le participe passé s'accorde comme s'il était conjugué avec **avoir,** c'est-à-dire avec le complément d'objet direct placé avant :

> *La jeune fille s'est* **regardée** *rêveusement dans son miroir* (elle a regardé elle-même).

> *Les deux amis se sont* **regardés** *longuement avant de se séparer* (ils ont regardé l'un l'autre mutuellement).

RÈGLE PRATIQUE : Toutes les fois que dans un verbe pronominal on peut remplacer l'auxiliaire être par l'auxiliaire avoir, on doit accorder le participe passé avec le complément d'objet direct s'il est placé avant (très souvent le pronom réfléchi), mais s'il n'y a pas de complément d'objet direct ou s'il est placé après, le participe passé reste invariable :

> *Ils se sont* **lavés** *à l'eau froide* (ils ont lavé eux-mêmes : accord avec **se**).

> *Ils se sont* **lavé** *les mains* (ils ont lavé les mains à eux-mêmes; le complément d'objet direct mains est placé après le verbe : pas d'accord).

> *Ils se sont* **nui** (ils ont nui à eux-mêmes; **se** est complément d'objet indirect : pas d'accord).

Mais si on ne peut pas remplacer **être** par **avoir,** le participe passé s'accorde avec le sujet :

> *Elles se sont* **repenties** *de leur étourderie*
(on ne peut dire : elles ont repenti elles-mêmes : accord avec le sujet *elles*).

> *La pièce s'est* **jouée** *devant une salle vide*
(on ne peut dire : la pièce a joué elle-même : accord avec le sujet *pièce*).

REMARQUE. Le participe passé des verbes réfléchis suivants, dans lesquels **être** peut se remplacer par **avoir,** reste invariable parce qu'ils n'admettent pas de compléments d'objet direct : *se convenir, se nuire, se plaire, se complaire, se déplaire, se parler, se ressembler, se succéder, se suffire, se sourire, se rire.* En revanche, bien que le verbe *s'arroger* soit inusité à la forme active, son participe passé s'accorde comme s'il était conjugué avec **avoir :**

> *Les droits qu'il s'était* **arrogés.**

● **Participes conjugués avec avoir**

1. Cas où le complément d'objet direct est :

a. *le pronom adverbial* **en,** équivalent à *de lui, d'elle, d'eux, d'elles, de cela.* La règle généralement admise est de ne pas accorder le participe :

> *Une bouteille de liqueur traînait par là : ils en ont* **bu.**
> *Des nouvelles de mon frère ? Je n'en ai pas* **reçu** *depuis longtemps.*

Lorsque **en** est associé à un adverbe de quantité tel que *combien, tant, plus, moins, beaucoup,* etc., les règles sont si byzantines et si contestées que le parti le plus sage est de laisser le participe toujours invariable :

Des truites ? Il en a tant **pris!** *Pas autant cependant qu'il en a* **manqué.**
Combien en a-t-on **vu,** *je dis des plus huppés.* (Racine)
J'en ai tant **vu,** *des rois.* (V. Hugo)

b. *le pronom personnel* **le.** Quand il a le sens de *cela* et représente toute une proposition, le participe passé est invariable :

Cette équipe s'est adjugé facilement la victoire, comme je l'avais **pressenti.**

Mais lorsque **le** tient la place d'un nom, le participe s'accorde normalement :

Cette victoire, je l'avais **pressentie.**

c. *un nom collectif* suivi d'un complément au pluriel (*une foule de gens),* un adverbe de quantité (*combien de gens),* les locutions *le peu de, un des... qui, plus d'un, moins de deux.* Il y a lieu, pour l'accord du participe passé, d'observer les mêmes règles qui régissent l'accord du verbe lorsque ces expressions sont sujet (voir p. 11).

2. Verbes impersonnels

Le participe passé est toujours invariable :
Les énormes grêlons qu'il est **tombé.**

En particulier *eu, fait, fallu* ne s'accordent jamais dans les phrases suivantes :
Les gelées qu'il a **fait.** *Les accidents qu'il y a* **eu.**
La ténacité qu'il lui a **fallu.**

3. Verbes tantôt transitifs, tantôt intransitifs

Les participes *valu, coûté, pesé, couru, vécu,* sont invariables quand le verbe est employé au sens propre (intransitif), mais s'accordent avec le complément d'objet placé avant, quand ils sont employés au sens figuré (transitif) :

Les millions que cette maison a **coûté** (elle a coûté combien ?)
mais *Les soucis que cette maison nous a* **coûtés** (elle nous a coûté quoi ?).

Les quatre années qu'il a **vécu** *aux Indes* (il a vécu combien de temps ?)
mais *Les aventures qu'il y a* **vécues** (il a vécu quoi ?).

4. Participes passés suivis d'un infinitif

a. *vu, regardé, aperçu, entendu, écouté, senti* (verbes de perception), *envoyé, amené, laissé,* suivis d'un infinitif, tantôt s'accordent et tantôt sont invariables.

Si le nom (ou le pronom) qui précède est sujet de l'infinitif, ce nom est senti comme complément d'objet direct du participe et celui-ci s'accorde :

La pianiste que j'ai **entendue** *jouer.*

(J'ai entendu qui ? - La pianiste faisant l'action de jouer); le complément d'objet direct *que,* mis pour *la pianiste,* est placé avant : on accorde.

Si le nom (ou le pronom) qui précède est complément d'objet et non sujet de l'infinitif, le participe reste invariable puisqu'il a comme complément l'infinitif lui-même :

La sonate que j'ai **entendu** *jouer.*

(J'ai entendu quoi ? - jouer; jouer quoi ? - la sonate); le complément d'objet direct *jouer* est placé après : on n'accorde pas.

b. *dit, pensé, cru* suivis d'un infinitif sont toujours invariables :

Il a perdu la bague qu'il m'avait **dit** *lui venir de sa mère.*

Et non : *qu'il m'avait dite* car le complément d'objet direct de *avoir dit* est toute la proposition : (il m'avait dit quoi ? - que sa bague lui venait de sa mère).

c. *fait* suivi d'un infinitif est toujours invariable car il forme avec l'infinitif une expression verbale indissociable :

Les soupçons qu'il a **fait** *naître*

(que, mis pour soupçons, est complément d'objet direct de *a fait naître* et non de *a fait* seul).

Pour une raison semblable, *laissé* suivi d'un infinitif, particulièrement dans les locutions *laisser dire, laisser faire, laisser aller,* peut ne pas s'accorder même quand le nom (ou le pronom) qui précède est sujet de l'infinitif :

Quelle indulgence pour ses petits enfants ! Il les a **laissé** *jouer avec sa montre et il ne les a pas* **laissé** *gronder.*

On peut, il est vrai, écrire : *il les a* **laissés** *jouer* si, détachant le verbe *laisser* du verbe *jouer,* on comprend : *il leur a permis de jouer avec sa montre.* Mais le deuxième participe *laissé* est obligatoirement invariable puisque en aucun cas *les* ne peut être sujet de *gronder.*

d. *eu à, donné à, laissé à* suivis d'un infinitif s'accordent ou restent invariables, selon que le nom (ou le pronom) qui précède est senti ou non comme le complément d'objet direct du participe :

Les problèmes qu'il a **eu** *à résoudre*

(il a été tenu de résoudre quoi ? - les problèmes).

L'auto qu'on lui avait **donnée** *à réparer*

(on lui avait donné quoi ? - l'auto en vue d'une réparation). Mais ces distinctions sont parfois bien subtiles et l'accord est facultatif.

e. *pu, dû, voulu* sont invariables car leur complément d'objet direct est un infinitif ou toute une proposition sous-entendue :

J'ai fait tous les efforts que j'ai **pu** (sous-entendu faire),
mais je n'ai pas eu tous les succès qu'il aurait **voulu** (sous-entendu que j'eusse).

2

Tableaux de conjugaison des verbes types

(tableau synoptique p. 18 et 19)

LES TABLEAUX DE CONJUGAISON

TABLEAUX GÉNÉRAUX

1	Auxiliaire avoir	**3**	Forme passive (être aimé)
2	Auxiliaire être	**4**	Forme pronominale (se méfier)
6	Forme active (aimer)	**5**	Les terminaisons des trois groupes de verbes

PREMIER GROUPE (verbe en -ER)

6	aimer	**-er**		**13**	créer	**-éer**
7	placer	**-cer**		**14**	assiéger	**-éger**
8	manger	**-ger**		**15**	apprécier	**-ier**
9	peser	**-e(.)er**		**16**	payer	**-ayer**
10	céder	**-é(.)er**		**17**	broyer	**-oyer/uyer**
11	jeter	**-eler/eter I**		**18**	envoyer	**—**
12	modeler	**-eler/eter II**				

DEUXIÈME GROUPE (verbes en -IR/ISSANT)

19	finir	**-ir**		**20**	haïr	**—**

TROISIÈME GROUPE

21	Généralités		**22**	aller

1ʳᵉ section (verbes en -IR/ANT)

23	tenir	**-enir**		**31**	bouillir	**-llir**
24	acquérir	**-érir**		**32**	dormir	**-mir**
25	sentir	**-tir**		**33**	courir	**-rir**
26	vêtir	**—**		**34**	mourir	**—**
27	couvrir	**-vrir/frir**		**35**	servir	**-vir**
28	cueillir	**-llir**		**36**	fuir	**-uir**
29	assaillir	**—**		**37**	ouïr, gésir	
30	faillir	**—**				

TROISIÈME GROUPE (suite)

2ᵉ section (verbes en -OIR)

38	recevoir	**-cevoir**	**46**	falloir	**-loir**
39	voir	**-voir**	**47**	valoir	—
40	pourvoir	—	**48**	vouloir	—
41	savoir	—	**49**	asseoir	**-seoir**
42	devoir	—	**50**	seoir, messeoir	—
43	pouvoir	—	**51**	surseoir	—
44	mouvoir	—	**52**	choir, échoir, déchoir	
45	pleuvoir	—			

3ᵉ section (verbes en -RE)

53	rendre	**-andre/endre/ondre** **-erdre/ordre**	**68**	croire	**-oire**
54	prendre	—	**69**	boire	—
55	battre	**-attre**	**70**	clore	**-ore**
56	mettre	**-ettre**	**71**	conclure	**-ure**
57	peindre	**-eindre**	**72**	absoudre	**-oudre**
58	joindre	**-oindre**	**73**	coudre	—
59	craindre	**-aindre**	**74**	moudre	—
60	vaincre		**75**	suivre	**-ivre**
61	traire	**-aire**	**76**	vivre	—
62	faire	—	**77**	lire	**-ire**
63	plaire	—	**78**	dire	—
64	connaître	**-aître**	**79**	rire	—
65	naître	—	**80**	écrire	—
66	paître	—	**81**	confire	—
67	croître	**-oître**	**82**	cuire	**-uire**

1 VERBE AVOIR

Avoir est verbe transitif quand il a un complément d'objet direct : *J'ai un beau livre.*
Mais le plus souvent il sert d'auxiliaire pour tous les verbes à la forme active sauf
pour quelques verbes intransitifs qui dans la liste alphabétique sont suivis de la mention (aux. être) : **J'ai** *acheté un livre*; mais : Je **suis** *venu en toute hâte.*

INDICATIF

Présent		Passé composé		
j'	ai	j'	ai	eu
tu	as	tu	as	eu
il	a	il	a	eu
nous	avons	n.	avons	eu
vous	avez	v.	avez	eu
ils	ont	ils	ont	eu

Imparfait		Plus-que-parfait		
j'	avais	j'	avais	eu
tu	avais	tu	avais	eu
il	avait	il	avait	eu
nous	avions	n.	avions	eu
vous	aviez	v.	aviez	eu
ils	avaient	ils	avaient	eu

Passé simple		Passé antérieur		
j'	eus	j'	eus	eu
tu	eus	tu	eus	eu
il	eut	il	eut	eu
nous	eûmes	n.	eûmes	eu
vous	eûtes	v.	eûtes	eu
ils	eurent	ils	eurent	eu

Futur simple		Futur antérieur		
j'	aurai	j'	aurai	eu
tu	auras	tu	auras	eu
il	aura	il	aura	eu
nous	aurons	n.	aurons	eu
vous	aurez	v.	aurez	eu
ils	auront	ils	auront	eu

SUBJONCTIF

Présent		Passé		
que j'	aie	que j'	aie	eu
que tu	aies	que tu	aies	eu
qu'il	ait	qu'il	ait	eu
que n.	ayons	que n.	ayons	eu
que v.	ayez	que v.	ayez	eu
qu'ils	aient	qu'ils	aient	eu

Imparfait		Plus-que-parfait		
que j'	eusse	que j'	eusse	eu
que tu	eusses	que tu	eusses	eu
qu'il	eût	qu'il	eût	eu
que n.	eussions	que n.	eussions	eu
que v.	eussiez	que v.	eussiez	eu
qu'ils	eussent	qu'ils	eussent	eu

IMPÉRATIF

Présent	Passé	
aie	aie	eu
ayons	ayons	eu
ayez	ayez	eu

CONDITIONNEL

Présent		Passé 1re forme		
j'	aurais	j'	aurais	eu
tu	aurais	tu	aurais	eu
il	aurait	il	aurait	eu
n.	aurions	n.	aurions	eu
v.	auriez	v.	auriez	eu
ils	auraient	ils	auraient	eu

Passé 2e forme		
j'	eusse	eu
tu	eusses	eu
il	eût	eu
n.	eussions	eu
v.	eussiez	eu
ils	eussent	eu

INFINITIF

Présent	Passé
avoir	avoir eu

PARTICIPE

Présent	Passé
ayant	eu, eue
	ayant eu

Être sert d'auxiliaire : 1. à tous les verbes passifs; 2. à tous les verbes pronominaux; 3. à quelques verbes intransitifs qui dans la liste alphabétique sont suivis de la mention (aux. être). Certains verbes se conjuguent tantôt avec **être,** tantôt avec **avoir,** ils sont affectés du signe ◆. Le participe **été** est toujours invariable.

INDICATIF

Présent		*Passé composé*	
je	suis	j' ai	été
tu	es	tu as	été
il	est	il a	été
nous	sommes	n. avons	été
vous	êtes	v. avez	été
ils	sont	ils ont	été

Imparfait		*Plus-que-parfait*	
j'	étais	j' avais	été
tu	étais	tu avais	été
il	était	il avait	été
nous	étions	n. avions	été
vous	étiez	v. aviez	été
ils	étaient	ils avaient	été

Passé simple		*Passé antérieur*	
je	fus	j' eus	été
tu	fus	tu eus	été
il	fut	il eut	été
nous	fûmes	n. eûmes	été
vous	fûtes	v. eûtes	été
ils	furent	ils eurent	été

Futur simple		*Futur antérieur*	
je	serai	j' aurai	été
tu	seras	tu auras	été
il	sera	il aura	été
nous	serons	n. aurons	été
vous	serez	v. aurez	été
ils	seront	ils auront	été

SUBJONCTIF

Présent		*Passé*	
que je sois		que j' aie	été
que tu sois		que tu aies	été
qu'il soit		qu'il ait	été
que n. soyons		que n. ayons	été
que v. soyez		que v. ayez	été
qu'ils soient		qu'ils· aient	été

Imparfait		*Plus-que-parfait*	
que je fusse		que j' eusse	été
que tu fusses		que tu eusses	été
qu'il fût		qu'il eût	été
que n. fussions		que n. eussions	été
que v. fussiez		que v. eussiez	été
qu'ils fussent		qu'ils eussent	été

IMPÉRATIF

Présent	*Passé*	
sois	aie	été
soyons	ayons	été
soyez	ayez	été

CONDITIONNEL

Présent		*Passé 1ʳᵉ forme*	
je	serais	j' aurais	été
tu	serais	tu aurais	été
il	serait	il aurait	été
n.	serions	n. aurions	été
v.	seriez	v. auriez	été
ils	seraient	ils auraient	été

Passé 2ᵉ forme		
j'	eusse	été
tu	eusses	été
il	eût	été
n.	eussions	été
v.	eussiez	été
ils	eussent	été

INFINITIF

Présent	*Passé*
être	avoir été

PARTICIPE

Présent	*Passé*
étant	été
	ayant été

3 ÊTRE AIMÉ conjugaison type de la forme passive

INDICATIF

Présent
je	suis	aimé
tu	es	aimé
il	est	aimé
n.	sommes	aimés
v.	êtes	aimés
ils	sont	aimés

Passé composé
j'	ai	été aimé
tu	as	été aimé
il	a	été aimé
n.	avons	été aimés
v.	avez	été aimés
ils	ont	été aimés

Imparfait
j'	étais	aimé
tu	étais	aimé
il	était	aimé
n.	étions	aimés
v.	étiez	aimés
ils	étaient	aimés

Plus-que-parfait
j'	avais	été aimé
tu	avais	été aimé
il	avait	été aimé
n.	avions	été aimés
v.	aviez	été aimés
ils	avaient	été aimés

Passé simple
je	fus	aimé
tu	fus	aimé
il	fut	aimé
n.	fûmes	aimés
v.	fûtes	aimés
ils	furent	aimés

Passé antérieur
j'	eus	été aimé
tu	eus	été aimé
il	eut	été aimé
n.	eûmes	été aimés
v.	eûtes	été aimés
ils	eurent	été aimés

Futur simple
je	serai	aimé
tu	seras	aimé
il	sera	aimé
n.	serons	aimés
v.	serez	aimés
ils	seront	aimés

Futur antérieur
j'	aurai	été aimé
tu	auras	été aimé
il	aura	été aimé
n.	aurons	été aimés
v.	aurez	été aimés
ils	auront	été aimés

SUBJONCTIF

Présent
que je	sois	aimé
que tu	sois	aimé
qu'il	soit	aimé
que n.	soyons	aimés
que v.	soyez	aimés
qu'ils	soient	aimés

Passé
que j'	aie	été aimé
que tu	aies	été aimé
qu'il	ait	été aimé
que n.	ayons	été aimés
que v.	ayez	été aimés
qu'ils	aient	été aimés

Imparfait
que je	fusse	aimé
que tu	fusses	aimé
qu'il	fût	aimé
que n.	fussions	aimés
que v.	fussiez	aimés
qu'ils	fussent	aimés

Plus-que-parfait
que j'	eusse	été aimé
que tu	eusses	été aimé
qu'il	eût	été aimé
que n.	eussions	été aimés
que v.	eussiez	été aimés
qu'ils	eussent	été aimés

IMPÉRATIF

Présent
sois	aimé
soyons	aimés
soyez	aimés

Passé
inusité

CONDITIONNEL

Présent
je	serais	aimé
tu	serais	aimé
il	serait	aimé
n.	serions	aimés
v.	seriez	aimés
ils	seraient	aimés

Passé 1re forme
j'	aurais	été aimé
tu	aurais	été aimé
il	aurait	été aimé
n.	aurions	été aimés
v.	auriez	été aimés
ils	auraient	été aimés

Passé 2e forme
j'	eusse	été aimé
tu	eusses	été aimé
il	eût	été aimé
n.	eussions	été aimés
v.	eussiez	été aimés
ils	eussent	été aimés

INFINITIF

Présent
être aimé

Passé
avoir été aimé

PARTICIPE

Présent
étant aimé

Passé
aimé, ée
ayant été aimé

Le participe passé du verbe à la forme passive s'accorde toujours avec le sujet : *elle est aimée.*

conjugaison type de la forme pronominale[1] SE MÉFIER 4

INDICATIF

Présent

je me	méfie
tu te	méfies
il se	méfie
n. n.	méfions
v. v.	méfiez
ils se	méfient

Passé composé

je me	suis	méfié
tu t'	es	méfié
il s'	est	méfié
n. n.	sommes	méfiés
v. v.	êtes	méfiés
ils se	sont	méfiés

Imparfait

je me	méfiais
tu te	méfiais
il se	méfiait
n. n.	méfiions
v. v.	méfiiez
ils se	méfiaient

Plus-que-parfait

je m'	étais	méfié
tu t'	étais	méfié
il s'	était	méfié
n. n.	étions	méfiés
v. v.	étiez	méfiés
ils s'	étaient	méfiés

Passé simple

je me	méfiai
tu te	méfias
il se	méfia
n. n.	méfiâmes
v. v.	méfiâtes
ils se	méfièrent

Passé antérieur

je me	fus	méfié
tu te	fus	méfié
il se	fut	méfié
n. n.	fûmes	méfiés
v. v.	fûtes	méfiés
ils se	furent	méfiés

Futur simple

je me	méfierai
tu te	méfieras
il se	méfiera
n. n.	méfierons
v. v.	méfierez
ils se	méfieront

Futur antérieur

je me	serai	méfié
tu te	seras	méfié
il se	sera	méfié
n. n.	serons	méfiés
v. v.	serez	méfiés
ils se	seront	méfiés

SUBJONCTIF

Présent

que je me	méfie
que tu te	méfies
qu'il se	méfie
que n. n.	méfiions
que v. v.	méfiiez
qu'ils se	méfient

Passé

que je me	sois	méfié
que tu te	sois	méfié
qu'il se	soit	méfié
que n. n.	soyons	méfiés
que v. v.	soyez	méfiés
qu'ils se	soient	méfiés

Imparfait

que je me	méfiasse
que tu te	méfiasses
qu'il se	méfiât
que n. n.	méfiassions
que v. v.	méfiassiez
qu'ils se	méfiassent

Plus-que-parfait

que je me	fusse	méfié
que tu te	fusses	méfié
qu'il se	fût	méfié
que n. n.	fussions	méfiés
que v. v.	fussiez	méfiés
qu'ils se	fussent	méfiés

IMPÉRATIF

Présent

méfie-toi
méfions-nous
méfiez-vous

Passé

inusité

CONDITIONNEL

Présent

je me	méfierais
tu te	méfierais
il se	méfierait
n. n.	méfierions
v. v.	méfieriez
ils se	méfieraient

Passé 1re forme

je me	serais	méfié
tu te	serais	méfié
il se	serait	méfié
n. n.	serions	méfiés
v. v.	seriez	méfiés
ils se	seraient	méfiés

Passé 2e forme

je me	fusse	méfié
tu te	fusses	méfié
il se	fût	méfié
n. n.	fussions	méfiés
v. v.	fussiez	méfiés
ils se	fussent	méfiés

INFINITIF

Présent

se méfier

Passé

s'être méfié

PARTICIPE

Présent

se méfiant

Passé

s'étant méfié

---

1. Le participe passé des verbes essentiellement pronominaux comme **se méfier** s'accorde toujours avec le sujet. Pour les autres (verbes réfléchis et verbes réciproques) voir la règle de la page 14 (cas particulier).

5 LES TERMINAISONS DES TROIS GROUPES DE VERBES

	1er	2e	3e groupe		1er	2e	3e groupe
INDICATIF *Présent*					**SUBJONCTIF** *Présent*		
1 S	e[1]	is	s (x[3])	e[5]	e	isse	e
2 S	es	is	s (x[3])	es[5]	es	isses	es
3 S	e	it	t (d[4])	e[5]	e	isse	e
1 P	ons	issons	ons	ons	ions	issions	ions
2 P	ez	issez	ez	ez	iez	issiez	iez
3 P	ent	issent	ent (nt[2])	ent	ent	issent	ent

	1er	2e	3e groupe		1er	2e	3e groupe	
INDICATIF *Imparfait*					**SUBJONCTIF** *Imparfait*			
1 S	ais	issais	ais		asse	isse[6]	isse[6]	usse[6]
2 S	ais	issais	ais		asses	isses	isses	usses
3 S	ait	issait	ait		ât	ît	ît	ût
1 P	ions	issions	ions		assions	issions	issions	ussions
2 P	iez	issiez	iez		assiez	issiez	issiez	ussiez
3 P	aient	issaient	aient		assent	issent	issent	ussent

	1er	2e	3e groupe		1er	2e	3e groupe	
INDICATIF *Passé simple*					**IMPÉRATIF** *Présent*			
1 S	ai	is	is[6]	us[6]				
2 S	as	is	is	us	e	is	s	e[5]
3 S	a	it	it	ut				
1 P	âmes	îmes	îmes	ûmes	ons	issons	ons	ons
2 P	âtes	îtes	îtes	ûtes	ez	issez	ez	ez
3 P	èrent	irent	irent	urent				

	1er	2e	3e groupe		1er	2e	3e groupe
INDICATIF *Futur simple*					**CONDITIONNEL** *Présent*		
1 S	erai	irai	. . .rai		erais	irais	. . .rais
2 S	eras	iras	. . .ras		erais	irais	. . .rais
3 S	era	ira	. . .ra		erait	irait	. . .rait
1 P	erons	irons	. . .rons		erions	irions	. . .rions
2 P	erez	irez	. . .rez		eriez	iriez	. . .riez
3 P	eront	iront	. . .ront		eraient	iraient	. . .raient

Modes	**INFINITIF** *Présent*	er	ir	ir; oir; re
impersonnels	**PARTICIPE** *Présent*	ant	issant	ant
	PARTICIPE *Passé*	é	i	i (is, it); u (us); t; s

1. Forme interrogative : devant **je** inversé, **e** final s'écrit **é** et se prononce **è** ouvert : *aimé-je ? acheté-je ?*

2. Ont la finale **-ont** : *ils sont, ils ont, ils font, ils vont.*

3. Seulement dans *je peux, tu peux ; je veux, tu veux ; je vaux, tu vaux.*

4. Ont la finale **d**, les verbes en **dre** (sauf ceux en **...indre** et **soudre** qui prennent un **t**).

5. Ainsi *assaillir, couvrir, cueillir, défaillir, offrir, ouvrir, souffrir, tressaillir,* et, à l'impératif seulement, *avoir, savoir, vouloir* (aie, sache, veuille).

6. Sauf *je vins,* etc., *je tins.* etc. ; *que je vinsse,* etc., *que je tinsse,* etc. ; et leurs composés.

conjugaison type de la forme active[1] VERBES EN -**ER** : AIMER

INDICATIF

Présent		Passé composé		
j'	aim e	j'	ai	aimé
tu	aim es	tu	as	aimé
il	aim e	il	a	aimé
nous	aim ons	n.	avons	aimé
vous	aim ez	v.	avez	aimé
ils	aim ent	ils	ont	aimé

Imparfait		Plus-que-parfait		
j'	aim ais	j'	avais	aimé
tu	aim ais	tu	avais	aimé
il	aim ait	il	avait	aimé
nous	aim ions	n.	avions	aimé
vous	aim iez	v.	aviez	aimé
ils	aim aient	ils	avaient	aimé

Passé simple		Passé antérieur		
j'	aim ai	j'	eus	aimé
tu	aim as	tu	eus	aimé
il	aim a	il	eut	aimé
nous	aim âmes	n.	eûmes	aimé
vous	aim âtes	v.	eûtes	aimé
ils	aim èrent	ils	eurent	aimé

Futur simple		Futur antérieur		
j'	aim erai	j'	aurai	aimé
tu	aim eras	tu	auras	aimé
il	aim era	il	aura	aimé
nous	aim erons	n.	aurons	aimé
vous	aim erez	v.	aurez	aimé
ils	aim eront	ils	auront	aimé

SUBJONCTIF

Présent		Passé		
que j'	aim e	que j'	aie	aimé
que tu	aim es	que tu	aies	aimé
qu'il	aim e	qu'il	ait	aimé
que n.	aim ions	que n.	ayons	aimé
que v.	aim iez	que v.	ayez	aimé
qu'ils	aim ent	qu'ils	aient	aimé

Imparfait		Plus-que-parfait		
que j'	aim asse	que j'	eusse	aimé
que tu	aim asses	que tu	eusses	aimé
qu'il	aim ât	qu'il	eût	aimé
que n.	aim assions	que n.	eussions	aimé
que v.	aim assiez	que v.	eussiez	aimé
qu'ils	aim assent	qu'ils	eussent	aimé

IMPÉRATIF

Présent	Passé	
aim e	aie	aimé
aim ons	ayons	aimé
aim ez	ayez	aimé

CONDITIONNEL

Présent		Passé 1re forme		
j'	aim erais	j'	aurais	aimé
tu	aim erais	tu	aurais	aimé
il	aim erait	il	aurait	aimé
n.	aim erions	n.	aurions	aimé
v.	aim eriez	v.	auriez	aimé
ils	aim eraient	ils	auraient	aimé

Passé 2e forme		
j'	eusse	aimé
tu	eusses	aimé
il	eût	aimé
n.	eussions	aimé
v.	eussiez	aimé
ils	eussent	aimé

INFINITIF

Présent	Passé
aimer	avoir aimé

PARTICIPE

Présent	Passé
aimant	aimé, ée
	ayant aimé

1. Pour les verbes qui, à la forme active, forment leurs temps composés avec l'auxiliaire **être,** voir la conjugaison du verbe **aller** (tableau 22) ou **mourir** (tableau 34).

7 VERBES EN -CER : PLACER

Les verbes en -cer prennent une **cédille** sous le **c** devant les voyelles **a** et **o** : *Commençons, tu commenças,* pour conserver au **c** le son doux.

INDICATIF

Présent

je	pla ce
tu	pla ces
il	pla ce
nous	pla çons
vous	pla cez
ils	pla cent

Passé composé

j'	ai	placé
tu	as	placé
il	a	placé
n.	avons	placé
v.	avez	placé
ils	ont	placé

Imparfait

je	pla çais
tu	pla çais
il	pla çait
nous	pla cions
vous	pla ciez
ils	pla çaient

Plus-que-parfait

j'	avais	placé
tu	avais	placé
il	avait	placé
n.	avions	placé
v.	aviez	placé
ils	avaient	placé

Passé simple

je	pla çai
tu	pla ças
il	pla ça
nous	pla çâmes
vous	pla çâtes
ils	pla cèrent

Passé antérieur

j'	eus	placé
tu	eus	placé
il	eut	placé
n.	eûmes	placé
v.	eûtes	placé
ils	eurent	placé

Futur simple

je	pla cerai
tu	pla ceras
il	pla cera
nous	pla cerons
vous	pla cerez
ils	pla ceront

Futur antérieur

j'	aurai	placé
tu	auras	placé
il	aura	placé
n.	aurons	placé
v.	aurez	placé
ils	auront	placé

SUBJONCTIF

Présent

que je	pla ce
que tu	pla ces
qu'il	pla ce
que n.	pla cions
que v.	pla ciez
qu'ils	pla cent

Passé

que j'	aie	placé
que tu	aies	placé
qu'il	ait	placé
que n.	ayons	placé
que v.	ayez	placé
qu'ils	aient	placé

Imparfait

que je	pla çasse
que tu	pla çasses
qu'il	pla çât
que n.	pla çassions
que v.	pla çassiez
qu'ils	pla çassent

Plus-que-parfait

que j'	eusse	placé
que tu	eusses	placé
qu'il	eût	placé
que n.	eussions	placé
que v.	eussiez	placé
qu'ils	eussent	placé

IMPÉRATIF

Présent

pla ce
pla çons
pla cez

Passé

aie placé
ayons placé
ayez placé

CONDITIONNEL

Présent

je	pla cerais
tu	pla cerais
il	pla cerait
n.	pla cerions
v.	pla ceriez
ils	pla ceraient

Passé 1re forme

j'	aurais	placé
tu	aurais	placé
il	aurait	placé
n.	aurions	placé
v.	auriez	placé
ils	auraient	placé

Passé 2e forme

j'	eusse	placé
tu	eusses	placé
il	eût	placé
n.	eussions	placé
v.	eussiez	placé
ils	eussent	placé

INFINITIF

Présent

pla cer

Passé

avoir placé

PARTICIPE

Présent

pla çant

Passé

pla cé, ée
ayant placé

Les verbes en **-ger** conservent l'**e** après le **g** devant les voyelles **a** et **o** : *Nous jugeons, tu jugeas,* pour maintenir partout le son du **g** doux.

INDICATIF

Présent		*Passé composé*	
je	man ge	j' ai	mangé
tu	man ges	tu as	mangé
il	man ge	il a	mangé
nous	man geons	n. avons	mangé
vous	man gez	v. avez	mangé
ils	man gent	ils ont	mangé

Imparfait		*Plus-que-parfait*	
je	man geais	j' avais	mangé
tu	man geais	tu avais	mangé
il	man geait	il avait	mangé
nous	man gions	n. avions	mangé
vous	man giez	v. aviez	mangé
ils	man geaient	ils avaient	mangé

Passé simple		*Passé antérieur*	
je	man geai	j' eus	mangé
tu	man geas	tu eus	mangé
il	man gea	il eut	mangé
nous	man geâmes	n. eûmes	mangé
vous	man geâtes	v. eûtes	mangé
ils	man gèrent	ils eurent	mangé

Futur simple		*Futur antérieur*	
je	man gerai	j' aurai	mangé
tu	man geras	tu auras	mangé
il	man gera	il aura	mangé
nous	man gerons	n. aurons	mangé
vous	man gerez	v. aurez	mangé
ils	man geront	ils auront	mangé

SUBJONCTIF

Présent		*Passé*	
que je	man ge	que j' aie	mangé
que tu	man ges	que tu aies	mangé
qu'il	man ge	qu'il ait	mangé
que n.	man gions	que n. ayons	mangé
que v.	man giez	que v. ayez	mangé
qu'ils	man gent	qu'ils aient	mangé

Imparfait		*Plus-que-parfait*	
que je	man geasse	que j' eusse	mangé
que tu	man geasses	que tu eusses	mangé
qu'il	man geât	qu'il eût	mangé
que n.	man geassions	que n. eussions	mangé
que v.	man geassiez	que v. eussiez	mangé
qu'ils	man geassent	qu'ils eussent	mangé

IMPÉRATIF

Présent	*Passé*	
man ge	aie	mangé
man geons	ayons	mangé
man gez	ayez	mangé

CONDITIONNEL

Présent	*Passé 1ʳᵉ forme*	
je man gerais	j' aurais	mangé
tu man gerais	tu aurais	mangé
il man gerait	il aurait	mangé
n. man gerions	n. aurions	mangé
v. man geriez	v. auriez	mangé
ils man geraient	ils auraient	mangé

Passé 2ᵉ forme

j' eusse	mangé
tu eusses	mangé
il eût	mangé
n. eussions	mangé
v. eussiez	mangé
ils eussent	mangé

INFINITIF

Présent	*Passé*
man ger	avoir mangé

PARTICIPE

Présent	*Passé*
man geant	man gé, ée
	ayant mangé

9 VERBES EN E(.)ER : PESER

Verbes ayant un **e muet** (e) à l'avant-dernière syllabe de l'infinitif

Verbes en **-ecer, -emer, -ener, -eper, -eser, -ever, -evrer.**
Ces verbes qui ont un **e** muet à l'avant-dernière syllabe de l'infinitif, comme **lever**, changent l'**e muet** en **è ouvert** devant une syllabe muette, y compris devant les terminaisons *erai..., erais...,* du futur et du conditionnel : *je lève, je lèverai.*
Nota. Pour les verbes en **-eler, -eter,** voir 11 et 12.

INDICATIF

Présent		Passé composé	
je	p èse	j' ai	pesé
tu	p èses	tu as	pesé
il	p èse	il a	pesé
nous	p esons	n. avons	pesé
vous	p esez	v. avez	pesé
ils	p èsent	ils ont	pesé

Imparfait		Plus-que-parfait	
je	p esais	j' avais	pesé
tu	p esais	tu avais	pesé
il	p esait	il avait	pesé
nous	p esions	n. avions	pesé
vous	p esiez	v. aviez	pesé
ils	p esaient	ils avaient	pesé

Passé simple		Passé antérieur	
je	p esai	j' eus	pesé
tu	p esas	tu eus	pesé
il	p esa	il eut	pesé
nous	p esâmes	n. eûmes	pesé
vous	p esâtes	v. eûtes	pesé
ils	p esèrent	ils eurent	pesé

Futur simple		Futur antérieur	
je	p èserai	j' aurai	pesé
tu	p èseras	tu auras	pesé
il	p èsera	il aura	pesé
nous	p èserons	n. aurons	pesé
vous	p èserez	v. aurez	pesé
ils	p èseront	ils auront	pesé

SUBJONCTIF

Présent		Passé	
que je	p èse	que j'	aie	pesé
que tu	p èses	que tu	aies	pesé
qu'il	p èse	qu'il	ait	pesé
que n.	p esions	que n.	ayons	pesé
que v.	p esiez	que v.	ayez	pesé
qu'ils	p èsent	qu'ils	aient	pesé

Imparfait		Plus-que-parfait	
que je	p esasse	que j'	eusse	pesé
que tu	p esasses	que tu	eusses	pesé
qu'il	p esât	qu'il	eût	pesé
que n.	p esassions	que n.	eussions	pesé
que v.	p esassiez	que v.	eussiez	pesé
qu'ils	p esassent	qu'ils	eussent	pesé

IMPÉRATIF

Présent	Passé	
p èse	aie	pesé
p esons	ayons	pesé
p esez	ayez	pesé

CONDITIONNEL

Présent		Passé 1ʳᵉ forme	
je	p èserais	j'	aurais	pesé
tu	p èserais	tu	aurais	pesé
il	p èserait	il	aurait	pesé
n.	p èserions	n.	aurions	pesé
v.	p èseriez	v.	auriez	pesé
ils	p èseraient	ils	auraient	pesé

Passé 2ᵉ forme

j'	eusse	pesé
tu	eusses	pesé
il	eût	pesé
n.	eussions	pesé
v.	eussiez	pesé
ils	eussent	pesé

INFINITIF

Présent	Passé
p eser	avoir pesé

PARTICIPE

Présent	Passé
p esant	p esé, ée
	ayant pesé

Verbes ayant un **é fermé** (é) à l'avant-dernière syllabe de l'infinitif

Verbes en : -ébrer, -écer, -écher, -écrer, -éder, -égler, -égner, -égrer, -éguer, -éler, -émer, -éner, -érer, -éser, -éter, -étrer.
Ces verbes qui ont un **é fermé** à l'avant-dernière syllabe de l'infinitif changent l'**é fermé** en **è ouvert** devant une syllabe muette finale : *Je cède.*
Au futur et au conditionnel, ces verbes conservent l'**é fermé** : *Je céderai, tu céderais,* malgré la tendance à prononcer cet **é** de plus en plus ouvert.

INDICATIF

Présent	Passé composé		
je c ède	j' ai	cédé
tu c èdes	tu as	cédé
il c ède	il a	cédé
nous c édons	n. avons	cédé
vous c édez	v. avez	cédé
ils c èdent	ils ont	cédé

Imparfait	Plus-que-parfait	
je c édais	j' avais	cédé
tu c édais	tu avais	cédé
il c édait	il avait	cédé
nous c édions	n. avions	cédé
vous c édiez	v. aviez	cédé
ils c édaient	ils avaient	cédé

Passé simple	Passé antérieur	
je c édai	j' eus	cédé
tu c édas	tu eus	cédé
il c éda	il eut	cédé
nous c édâmes	n. eûmes	cédé
vous c édâtes	v. eûtes	cédé
ils c édèrent	ils eurent	cédé

Futur simple	Futur antérieur	
je c éderai	j' aurai	cédé
tu c éderas	tu auras	cédé
il c édera	il aura	cédé
nous c éderons	n. aurons	cédé
vous c éderez	v. aurez	cédé
ils c éderont	ils auront	cédé

SUBJONCTIF

Présent	Passé	
que je c ède	que j' aie	cédé
que tu c èdes	que tu aies	cédé
qu'il c ède	qu'il ait	cédé
que n. c édions	que n. ayons	cédé
que v. c édiez	que v. ayez	cédé
qu'ils c èdent	qu'ils aient	cédé

Imparfait	Plus-que-parfait	
que je c édasse	que j' eusse	cédé
que tu c édasses	que tu eusses	cédé
qu'il c édât	qu'il eût	cédé
que n. c édassions	que n. eussions	cédé
que v. c édassiez	que v. eussiez	cédé
qu'ils c édassent	qu'ils eussent	cédé

IMPÉRATIF

Présent	Passé	
c ède	aie	cédé
c édons	ayons	cédé
c édez	ayez	cédé

CONDITIONNEL

Présent	Passé 1ʳᵉ forme	
je c éderais	j' aurais	cédé
tu c éderais	tu aurais	cédé
il c éderait	il aurait	cédé
n. c éderions	n. aurions	cédé
v. c éderiez	v. auriez	cédé
ils c éderaient	ils auraient	cédé

Passé 2ᵉ forme	
j' eusse	cédé
tu eusses	cédé
il eût	cédé
n. eussions	cédé
v. eussiez	cédé
ils eussent	cédé

INFINITIF

Présent	Passé
c éder	avoir cédé

PARTICIPE

Présent	Passé
c édant	c édé, ée
	ayant cédé

11 VERBES EN -ELER ou -ETER : JETER

1 Verbes doublant l ou t devant e muet

En règle générale, les verbes en -eler ou -eter doublent la consonne l ou t devant un **e muet** : *je jette, j'appelle.*
Un petit nombre ne doublent pas devant l'**e muet** la consonne l ou t, mais prennent un accent grave sur l'**e** qui précède l'l ou le t : *j'achète, je modèle* (v. en tête de la page suivante la liste de ces exceptions).

INDICATIF

Présent		Passé composé	
je	j ette	j' ai	jeté
tu	j ettes	tu as	jeté
il	j ette	il a	jeté
nous	j etons	n. avons	jeté
vous	j etez	v. avez	jeté
ils	j ettent	ils ont	jeté

Imparfait		Plus-que-parfait	
je	j etais	j' avais	jeté
tu	j etais	tu avais	jeté
il	j etait	il avait	jeté
nous	j etions	n. avions	jeté
vous	j etiez	v. aviez	jeté
ils	j etaient	ils avaient	jeté

Passé simple		Passé antérieur	
je	j etai	j' eus	jeté
tu	j etas	tu eus	jeté
il	j eta	il eut	jeté
nous	j etâmes	n. eûmes	jeté
vous	j etâtes	v. eûtes	jeté
ils	j etèrent	ils eurent	jeté

Futur simple		Futur antérieur	
je	j etterai	j' aurai	jeté
tu	j etteras	tu auras	jeté
il	j ettera	il aura	jeté
nous	j etterons	n. aurons	jeté
vous	j etterez	v. aurez	jeté
ils	j etteront	ils auront	jeté

SUBJONCTIF

Présent		Passé	
que je	j ette	que j' aie	jeté
que tu	j ettes	que tu aies	jeté
qu'il	j ette	qu'il ait	jeté
que n.	j etions	que n. ayons	jeté
que v.	j etiez	que v. ayez	jeté
qu'ils	j ettent	qu'ils aient	jeté

Imparfait		Plus-que-parfait	
que je	j etasse	que j' eusse	jeté
que tu	j etasses	que tu eusses	jeté
qu'il	j etât	qu'il eût	jeté
que n.	j etassions	que n. eussions	jeté
que v.	j etassiez	que v. eussiez	jeté
qu'ils	j etassent	qu'ils eussent	jeté

IMPÉRATIF

Présent	Passé	
j ette	aie	jeté
j etons	ayons	jeté
j etez	ayez	jeté

CONDITIONNEL

Présent		Passé 1re forme	
je	j etterais	j'	aurais	jeté
tu	j etterais	tu	aurais	jeté
il	j etterait	il	aurait	jeté
n.	j etterions	n.	aurions	jeté
v.	j etteriez	v.	auriez	jeté
ils	j etteraient	ils	auraient	jeté

Passé 2e forme		
j'	eusse	jeté
tu	eusses	jeté
il	eût	jeté
n.	eussions	jeté
v.	eussiez	jeté
ils	eussent	jeté

INFINITIF

Présent	Passé
j eter	avoir jeté

PARTICIPE

Présent	Passé
j etant	j eté, ée
	ayant jeté

2. Verbes changeant **e** en **è** devant syllabe muette

Quelques verbes ne doublent pas l'l ou le t devant e muet :
1. Verbes en **-eler** se conjuguant comme **je modèle** : *celer (déceler, receler), ciseler,
démanteler, écarteler, s'encasteler, geler (dégeler, congeler, surgeler), marteler, modeler,
peler.*
2. Verbes en **-eter** se conjuguant comme **j'achète** : *acheter (racheter), bégueter,
corseter, crocheter, fileter, fureter, haleter.*

INDICATIF

Présent		*Passé composé*	
je	mod èle	j' ai	modelé
tu	mod èles	tu as	modelé
il	mod èle	il a	modelé
nous	mod elons	n. avons	modelé
vous	mod elez	v. avez	modelé
ils	mod èlent	ils ont	modelé

Imparfait		*Plus-que-parfait*	
je	mod elais	j' avais	modelé
tu	mod elais	tu avais	modelé
il	mod elait	il avait	modelé
nous	mod elions	n. avions	modelé
vous	mod eliez	v. aviez	modelé
ils	mod elaient	ils avaient	modelé

Passé simple		*Passé antérieur*	
je	mod elai	j' eus	modelé
tu	mod elas	tu eus	modelé
il	mod ela	il eut	modelé
nous	mod elâmes	n. eûmes	modelé
vous	mod elâtes	v. eûtes	modelé
ils	mod elèrent	ils eurent	modelé

Futur simple		*Futur antérieur*	
je	mod èlerai	j' aurai	modelé
tu	mod èleras	tu auras	modelé
il	mod èlera	il aura	modelé
nous	mod èlerons	n. aurons	modelé
vous	mod èlerez	v. aurez	modelé
ils	mod èleront	ils auront	modelé

SUBJONCTIF

Présent		*Passé*	
que je mod èle		que j' aie	modelé
que tu mod èles		que tu aies	modelé
qu'il mod èle		qu'il ait	modelé
que n. mod elions		que n. ayons	modelé
que v. mod eliez		que v. ayez	modelé
qu'ils mod èlent		qu'ils aient	modelé

Imparfait		*Plus-que-parfait*	
que je mod elasse		que j' eusse	modelé
que tu mod elasses		que tu eusses	modelé
qu'il mod elât		qu'il eût	modelé
que n. mod elassions		que n. eussions	modelé
que v. mod elassiez		que v. eussiez	modelé
qu'ils mod elassent		qu'ils eussent	modelé

IMPÉRATIF

Présent	*Passé*	
mod èle	aie	modelé
mod elons	ayons	modelé
mod elez	ayez	modelé

CONDITIONNEL

Présent	*Passé 1re forme*	
je mod èlerais	j' aurais	modelé
tu mod èlerais	tu aurais	modelé
il mod èlerait	il aurait	modelé
n. mod èlerions	n. aurions	modelé
v. mod èleriez	v. auriez	modelé
ils mod èleraient	ils auraient	modelé

Passé 2e forme

j' eusse	modelé
tu eusses	modelé
il eût	modelé
n. eussions	modelé
v. eussiez	modelé
ils eussent	modelé

INFINITIF

Présent	*Passé*
mod eler	avoir modelé

PARTICIPE

Présent	*Passé*
mod elant	mod elé, ée
	ayant modelé

13 VERBES EN -ÉER : CRÉER

Ces verbes n'offrent d'autre particularité que la présence très régulière de deux **e** à certaines personnes de l'indicatif présent, du passé simple, du futur, du conditionnel, de l'impératif, du subjonctif, au participe passé masculin, et celle de trois **e** au participe passé féminin : *créée*.
Dans les verbes en -**éer**, l'**é** reste toujours fermé : *Je crée, tu crées...*

INDICATIF

Présent		Passé composé		
je	cr ée	j'	ai	créé
tu	cr ées	tu as		créé
il	cr ée	il a		créé
nous	cr éons	n. avons		créé
vous	cr éez	v. avez		créé
ils	cr éent	ils ont		créé

Imparfait		Plus-que-parfait		
je	cr éais	j'	avais	créé
tu	cr éais	tu avais		créé
il	cr éait	il avait		créé
nous	cr éions	n. avions		créé
vous	cr éiez	v. aviez		créé
ils	cr éaient	ils avaient		créé

Passé simple		Passé antérieur		
je	cr éai	j'	eus	créé
tu	cr éas	tu eus		créé
il	cr éa	il eut		créé
nous	cr éâmes	n. eûmes		créé
vous	cr éâtes	v. eûtes		créé
ils	cr éèrent	ils eurent		créé

Futur simple		Futur antérieur		
je	cr éerai	j'	aurai	créé
tu	cr éeras	tu auras		créé
il	cr éera	il aura		créé
nous	cr éerons	n. aurons		créé
vous	cr éerez	v. aurez		créé
ils	cr éeront	ils auront		créé

SUBJONCTIF

Présent		Passé		
que je cr ée		que j'	aie	créé
que tu cr ées		que tu aies		créé
qu'il cr ée		qu'il ait		créé
que n. cr éions		que n. ayons		créé
que v. cr éiez		que v. ayez		créé
qu'ils cr éent		qu'ils aient		créé

Imparfait		Plus-que-parfait		
que je cr éasse		que j'	eusse	créé
que tu cr éasses		que tu eusses		créé
qu'il cr éât		qu'il eût		créé
que n. cr éassions		que n. eussions		créé
que v. cr éassiez		que v. eussiez		créé
qu'ils cr éassent		qu'ils eussent		créé

IMPÉRATIF

Présent	Passé	
cr ée	aie	créé
cr éons	ayons	créé
cr éez	ayez	créé

CONDITIONNEL

Présent		Passé 1re forme		
je	cr éerais	j'	aurais	créé
tu	cr éerais	tu aurais		créé
il	cr éerait	il aurait		créé
n.	cr éerions	n. aurions		créé
v.	cr éeriez	v. auriez		créé
ils	cr éeraient	ils auraient		créé

Passé 2e forme		
j'	eusse	créé
tu	eusses	créé
il	eût	créé
n.	eussions	créé
v.	eussiez	créé
ils	eussent	créé

INFINITIF

Présent	Passé
cr éer	avoir créé

PARTICIPE

Présent	Passé
cr éant	cr éé, éée
	ayant créé

Dans les verbes en -éger :
1. L'é du radical se change en è devant un e muet (sauf au futur et au conditionnel).
2. Pour conserver partout le son du g doux, on maintient l'e après le g devant les voyelles a et o.

INDICATIF

Présent		Passé composé	
j'	assi ège	j' ai	assiégé
tu	assi èges	tu as	assiégé
il	assi ège	il a	assiégé
nous	assi égeons	n. avons	assiégé
vous	assi égez	v. avez	assiégé
ils	assi ègent	ils ont	assiégé

Imparfait		Plus-que-parfait	
j'	assi égeais	j' avais	assiégé
tu	assi égeais	tu avais	assiégé
il	assi égeait	il avait	assiégé
nous	assi égions	n. avions	assiégé
vous	assi égiez	v. aviez	assiégé
ils	assi égeaient	ils avaient	assiégé

Passé simple		Passé antérieur	
j'	assi égeai	j' eus	assiégé
tu	assi égeas	tu eus	assiégé
il	assi égea	il eut	assiégé
nous	assi égeâmes	n. eûmes	assiégé
vous	assi égeâtes	v. eûtes	assiégé
ils	assi égèrent	ils eurent	assiégé

Futur simple		Futur antérieur	
j'	assi égerai	j' aurai	assiégé
tu	assi égeras	tu auras	assiégé
il	assi égera	il aura	assiégé
nous	assi égerons	n. aurons	assiégé
vous	assi égerez	v. aurez	assiégé
ils	assi égeront	ils auront	assiégé

SUBJONCTIF

Présent		Passé	
que j'	assi ège	que j'	aie	assiégé
que tu	assi èges	que tu	aies	assiégé
qu'il	assi ège	qu'il	ait	assiégé
que n.	assi égions	que n.	ayons	assiégé
que v.	assi égiez	que v.	ayez	assiégé
qu'ils	assi ègent	qu'ils	aient	assiégé

Imparfait		Plus-que-parfait	
que j'	assi égeasse	que j'	eusse	assiégé
que tu	assi égeasses	que tu	eusses	assiégé
qu'il	assi égeât	qu'il	eût	assiégé
que n.	assi égeassions	que n.	eussions	assiégé
que v.	assi égeassiez	que v.	eussiez	assiégé
qu'ils	assi égeassent	qu'ils	eussent	assiégé

IMPÉRATIF

Présent	Passé	
assi ège	aie	assiégé
assi égeons	ayons	assiégé
assi égez	ayez	assiégé

CONDITIONNEL

Présent	Passé 1ʳᵉ forme	
j' assi égerais	j' aurais	assiégé
tu assi égerais	tu aurais	assiégé.
il assi égerait	il aurait	assiégé
n. assi égerions	n. aurions	assiégé
v. assi égeriez	v. auriez	assiégé
ils assi égeraient	ils auraient	assiégé

Passé 2ᵉ forme	
j' eusse	assiégé
tu eusses	assiégé
il eût	assiégé
n. eussions	assiégé
v. eussiez	assiégé
ils eussent	assiégé

INFINITIF

Présent	Passé
assi éger	avoir assiégé

PARTICIPE

Présent	Passé
assi égeant	assi égé, ée
	ayant assiégé

15 VERBES EN -IER : APPRÉCIER

Ces verbes n'offrent d'autre particularité que les deux **i** à la 1ʳᵉ et à la 2ᵉ personne du pluriel de l'imparfait de l'indicatif et du présent du subjonctif : *appréciions, appréciiez*. Ces deux **i** proviennent de la rencontre de l'**i** final du radical qui se maintient dans toute la conjugaison, avec l'**i** initial de la terminaison.

INDICATIF

Présent		Passé composé	
j'	appréci e	j' ai	apprécié
tu	appréci es	tu as	apprécié
il	appréci e	il a	apprécié
nous	appréci ons	n. avons	apprécié
vous	appréci ez	v. avez	apprécié
ils	appréci ent	ils ont	apprécié

Imparfait		Plus-que-parfait	
j'	appréci ais	j' avais	apprécié
tu	appréci ais	tu avais	apprécié
il	appréci ait	il avait	apprécié
nous	appréci ions	n. avions	apprécié
vous	appréci iez	v. aviez	apprécié
ils	appréci aient	ils avaient	apprécié

Passé simple		Passé antérieur	
j'	appréci ai	j' eus	apprécié
tu	appréci as	tu eus	apprécié
il	appréci a	il eut	apprécié
nous	appréci âmes	n. eûmes	apprécié
vous	appréci âtes	v. eûtes	apprécié
ils	appréci èrent	ils eurent	apprécié

Futur simple		Futur antérieur	
j'	appréci erai	j' aurai	apprécié
tu	appréci eras	tu auras	apprécié
il	appréci era	il aura	apprécié
nous	appréci erons	n. aurons	apprécié
vous	appréci erez	v. aurez	apprécié
ils	appréci eront	ils auront	apprécié

SUBJONCTIF

Présent		Passé	
que j'	appréci e	que j' aie	apprécié
que tu	appréci es	que tu aies	apprécié
qu'il	appréci e	qu'il ait	apprécié
que n.	appréci ions	que n. ayons	apprécié
que v.	appréci iez	que v. ayez	apprécié
qu'ils	appréci ent	qu'ils aient	apprécié

Imparfait		Plus-que-parfait	
que j'	appréci asse	que j' eusse	apprécié
que tu	appréci asses	que tu eusses	apprécié
qu'il	appréci ât	qu'il eût	apprécié
que n.	appréci assions	que n. eussions	apprécié
que v.	appréci assiez	que v. eussiez	apprécié
qu'ils	appréci assent	qu'ils eussent	apprécié

IMPÉRATIF

Présent	Passé	
appréci e	aie	apprécié
appréci ons	ayons	apprécié
appréci ez	ayez	apprécié

CONDITIONNEL

Présent	Passé 1ʳᵉ forme	
j' appréci erais	j' aurais	apprécié
tu appréci erais	tu aurais	apprécié
il appréci erait	il aurait	apprécié
n. appréci erions	n. aurions	apprécié
v. appréci eriez	v. auriez	apprécié
ils appréci eraient	ils auraient	apprécié

Passé 2ᵉ forme	
j' eusse	apprécié
tu eusses	apprécié
il eût	apprécié
n. eussions	apprécié
v. eussiez	apprécié
ils eussent	apprécié

INFINITIF

Présent	Passé
appréci er	avoir apprécié

PARTICIPE

Présent	Passé
appréci ant	appréci é, ée
	ayant apprécié

Les verbes en **-ayer** peuvent : 1. conserver l'**y** dans toute la conjugaison; 2. remplacer l'**y** par un **i** devant un **e muet**, c'est-à-dire devant les terminaisons : **e, es, ent, erai, erais** : *je paye* (prononcer *pey*) ou *je paie* (prononcer *pé*).
Remarquer la présence de l'**i** après **y** aux deux premières personnes du pluriel à l'imparfait de l'indicatif et au présent du subjonctif.

INDICATIF

Présent		Passé composé	
je	p aie	j' ai	payé
tu	p aies	tu as	payé
il	p aie	il a	payé
nous	p ayons	n. avons	payé
vous	p ayez	v. avez	payé
ils	p aient	ils ont	payé

ou		Plus-que-parfait	
je	p aye	j' avais	payé
tu	p ayes	tu avais	payé
il	p aye	il avait	payé
nous	p ayons	n. avions	payé
vous	p ayez	v. aviez	payé
ils	p ayent	ils avaient	payé

Imparfait		Passé antérieur	
je	p ayais	j' eus	payé
tu	p ayais	tu eus	payé
il	p ayait	il eut	payé
nous	p ayions	n. eûmes	payé
vous	p ayiez	v. eûtes	payé
ils	p ayaient	ils eurent	payé

Passé simple		Futur antérieur	
je	p ayai	j' aurai	payé
tu	p ayas	tu auras	payé
il	p aya	il aura	payé
nous	p ayâmes	n. aurons	payé
vous	p ayâtes	v. aurez	payé
ils	p ayèrent	ils auront	payé

Futur simple	
je	p aierai
tu	p aieras
il	p aiera
nous	p aierons
vous	p aierez
ils	p aieront

ou	
je	p ayerai
tu	p ayeras
il	p ayera
nous	p ayerons
vous	p ayerez
ils	p ayeront

INFINITIF

Présent : p ayer
Passé : avoir payé

PARTICIPE

Présent : p ayant

Passé

p ayé, ée
ayant payé

SUBJONCTIF

Présent		Passé	
que je	p aie	que j'	aie	payé
que tu	p aies	que tu	aies	payé
qu'il	p aie	qu'il	ait	payé
que n.	p ayions	que n.	ayons	payé
que v.	p ayiez	que v.	ayez	payé
qu'ils	p aient	qu'ils	aient	payé

ou		Plus-que-parfait	
que je	p aye	que j'	eusse	payé
que tu	p ayes	que tu	eusses	payé
qu'il	p aye	qu'il	eût	payé
que n.	p ayions	que n.	eussions	payé
que v.	p ayiez	que v.	eussiez	payé
qu'ils	p ayent	qu'ils	eussent	payé

Imparfait	
que je	p ayasse
que tu	p ayasses
qu'il	p ayât
que n.	p ayassions
que v.	p ayassiez
qu'ils	p ayassent

IMPÉRATIF

Présent	Passé
p aye *ou* paie	aie payé
p ayons	ayons payé
p ayez	ayez payé

CONDITIONNEL

Présent		*ou*	
je	p aierais	je	p ayerais
tu	p aierais	tu	p ayerais
il	p aierait	il	p ayerait
n.	p aierions	n.	p ayerions
v.	p aieriez	v.	p ayeriez
ils	p aieraient	ils	p ayeraient

Passé 1ʳᵉ forme		Passé 2ᵉ forme	
j'	aurais payé	j'	eusse	payé
tu	aurais payé	tu	eusses	payé
il	aurait payé, etc.	il	eût	payé, etc.

Les verbes en **-oyer** et **-uyer** changent l'y du radical en **i** devant un **e muet** (terminaisons **e, es, ent, erai, erais**). *Exception :* **envoyer** et **renvoyer**, qui sont irréguliers au futur et au conditionnel (v. page suivante).
Remarquer la présence de l'**i** après y aux deux premières personnes du pluriel à l'imparfait de l'indicatif et au présent du subjonctif.

INDICATIF

Présent		**Passé composé**	
je	br oie	j' ai	broyé
tu	br oies	tu as	broyé
il	br oie	il a	broyé
nous	br oyons	n. avons	broyé
vous	br oyez	v. avez	broyé
ils	br oient	ils ont	broyé

Imparfait		**Plus-que-parfait**	
je	br oyais	j' avais	broyé
tu	br oyais	tu avais	broyé
il	br oyait	il avait	broyé
nous	br oyions	n. avions	broyé
vous	br oyiez	v. aviez	broyé
ils	br oyaient	ils avaient	broyé

Passé simple		**Passé antérieur**	
je	br oyai	j' eus	broyé
tu	br oyas	tu eus	broyé
il	br oya	il eut	broyé
nous	br oyâmes	n. eûmes	broyé
vous	br oyâtes	v. eûtes	broyé
ils	br oyèrent	ils eurent	broyé

Futur simple		**Futur antérieur**	
je	br oierai	j' aurai	broyé
tu	br oieras	tu auras	broyé
il	br oiera	il aura	broyé
nous	br oierons	n. aurons	broyé
vous	br oierez	v. aurez	broyé
ils	br oieront	ils auront	broyé

SUBJONCTIF

Présent		**Passé**	
que je	br oie	que j' aie	broyé
que tu	br oies	que tu aies	broyé
qu'il	br oie	qu'il ait	broyé
que n.	br oyions	que n. ayons	broyé
que v.	br oyiez	que v. ayez	broyé
qu'ils	br oient	qu'ils aient	broyé

Imparfait		**Plus-que-parfait**	
que je	br oyasse	que j' eusse	broyé
que tu	br oyasses	que tu eusses	broyé
qu'il	br oyât	qu'il eût	broyé
que n.	br oyassions	que n. eussions	broyé
que v.	br oyassiez	que v. eussiez	broyé
qu'ils	br oyassent	qu'ils eussent	broyé

IMPÉRATIF

Présent	**Passé**	
br oie	aie	broyé
br oyons	ayons	broyé
br oyez	ayez	broyé

CONDITIONNEL

Présent		**Passé 1ʳᵉ forme**	
je	br oierais	j' aurais	broyé
tu	br oierais	tu aurais	broyé
il	br oierait	il aurait	broyé
n.	br oierions	n. aurions	broyé
v.	br oieriez	v. auriez	broyé
ils	br oieraient	ils auraient	broyé

Passé 2ᵉ forme		
j'	eusse	broyé
tu	eusses	broyé
il	eût	broyé
n.	eussions	broyé
v.	eussiez	broyé
ils	eussent	broyé

INFINITIF

Présent	**Passé**
br oyer	avoir broyé

PARTICIPE

Présent	**Passé**
br oyant	br oyé, ée
	ayant broyé

INDICATIF

Présent

j'	envoie
tu	envoies
il	envoie
nous	envoyons
vous	envoyez
ils	envoient

Passé composé

j'	ai	envoyé
tu	as	envoyé
il	a	envoyé
n.	avons	envoyé
v.	avez	envoyé
ils	ont	envoyé

Imparfait

j'	envoyais
tu	envoyais
il	envoyait
nous	envoyions
vous	envoyiez
ils	envoyaient

Plus-que-parfait

j'	avais	envoyé
tu	avais	envoyé
il	avait	envoyé
n.	avions	envoyé
v.	aviez	envoyé
ils	avaient	envoyé

Passé simple

j'	envoyai
tu	envoyas
il	envoya
nous	envoyâmes
vous	envoyâtes
ils	envoyèrent

Passé antérieur

j'	eus	envoyé
tu	eus	envoyé
il	eut	envoyé
n.	eûmes	envoyé
v.	eûtes	envoyé
ils	eurent	envoyé

Futur simple

j'	enverrai
tu	enverras
il	enverra
nous	enverrons
vous	enverrez
ils	enverront

Futur antérieur

j'	aurai	envoyé
tu	auras	envoyé
il	aura	envoyé
n.	aurons	envoyé
v.	aurez	envoyé
ils	auront	envoyé

SUBJONCTIF

Présent

que j'	envoie
que tu	envoies
qu'il	envoie
que n.	envoyions
que v.	envoyiez
qu'ils	envoient

Passé

que j'	aie	envoyé
que tu	aies	envoyé
qu'il	ait	envoyé
que n.	ayons	envoyé
que v.	ayez	envoyé
qu'ils	aient	envoyé

Imparfait

que j'	envoyasse
que tu	envoyasses
qu'il	envoyât
que n.	envoyassions
que v.	envoyassiez
qu'ils	envoyassent

Plus-que-parfait

que j'	eusse	envoyé
que tu	eusses	envoyé
qu'il	eût	envoyé
que n.	eussions	envoyé
que v.	eussiez	envoyé
qu'ils	eussent	envoyé

IMPÉRATIF

Présent

envoie
envoyons
envoyez

Passé

aie envoyé
ayons envoyé
ayez envoyé

CONDITIONNEL

Présent

j'	enverrais
tu	enverrais
il	enverrait
n.	enverrions
v.	enverriez
ils	enverraient

Passé 1re forme

j'	aurais	envoyé
tu	aurais	envoyé
il	aurait	envoyé
n.	aurions	envoyé
v.	auriez	envoyé
ils	auraient	envoyé

Passé 2e forme

j'	eusse	envoyé
tu	eusses	envoyé
il	eût	envoyé
n.	eussions	envoyé
v.	eussiez	envoyé
ils	eussent	envoyé

INFINITIF

Présent

envoyer

Passé

avoir envoyé

PARTICIPE

Présent

envoyant

Passé

envoyé, ée
ayant envoyé

Ainsi se conjugue **renvoyer**.

19 DEUXIÈME GROUPE

VERBES EN -IR/ISSANT : FINIR

Infinitif présent en **-ir;** participe présent en **-issant**[1]

INDICATIF

Présent		Passé composé	
je	fin is	j' ai	fini
tu	fin is	tu as	fini
il	fin it	il a	fini
nous	fin issons	n. avons	fini
vous	fin issez	v. avez	fini
ils	fin issent	ils ont	fini

Imparfait		Plus-que-parfait	
je	fin issais	j' avais	fini
tu	fin issais	tu avais	fini
il	fin issait	il avait	fini
nous	fin issions	n. avions	fini
vous	fin issiez	v. aviez	fini
ils	fin issaient	ils avaient	fini

Passé simple		Passé antérieur	
je	fin is	j' eus	fini
tu	fin is	tu eus	fini
il	fin it	il eut	fini
nous	fin îmes	n. eûmes	fini
vous	fin îtes	v. eûtes	fini
ils	fin irent	ils eurent	fini

Futur simple		Futur antérieur	
je	fin irai	j' aurai	fini
tu	fin iras	tu auras	fini
il	fin ira	il aura	fini
nous	fin irons	n. aurons	fini
vous	fin irez	v. aurez	fini
ils	fin iront	ils auront	fini

INFINITIF

Présent	Passé
fin ir	avoir fini

SUBJONCTIF

Présent		Passé	
que je	fin isse	que j'	aie	fini
que tu	fin isses	que tu	aies	fini
qu'il	fin isse	qu'il	ait	fini
que n.	fin issions	que n.	ayons	fini
que v.	fin issiez	que v.	ayez	fini
qu'ils	fin issent	qu'ils	aient	fini

Imparfait		Plus-que-parfait	
que je	fin isse	que j'	eusse	fini
que tu	fin isses	que tu	eusses	fini
qu'il	fin ît	qu'il	eût	fini
que n.	fin issions	que n.	eussions	fini
que v.	fin issiez	que v.	eussiez	fini
qu'ils	fin issent	qu'ils	eussent	fini

IMPÉRATIF

Présent	Passé	
fin is	aie	fini
fin issons	ayons	fini
fin issez	ayez	fini

CONDITIONNEL

Présent		Passé 1ʳᵉ forme	
je	fin irais	j'	aurais	fini
tu	fin irais	tu	aurais	fini
il	fin irait	il	aurait	fini
n.	fin irions	n.	aurions	fini
v.	fin iriez	v.	auriez	fini
ils	fin iraient	ils	auraient	fini

Passé 2ᵉ forme		
j'	eusse	fini
tu	eusses	fini
il	eût	fini
n.	eussions	fini
v.	eussiez	fini
ils	eussent	fini

PARTICIPE

Présent	Passé
fin issant	fin i, ie
	ayant fini

1. Ainsi se conjuguent environ 300 verbes en **-ir, -issant,** qui, avec les verbes en **-er,** forment la conjugaison vivante.

Haïr est le seul verbe de cette terminaison; il prend un tréma sur l'i dans toute sa conjugaison, excepté aux trois personnes du singulier du présent de l'indicatif, et à la deuxième personne du singulier de l'impératif. Le tréma exclut l'accent circonflexe au passé simple et au subjonctif imparfait.

INDICATIF

Présent		Passé composé	
je	hais	j' ai	haï
tu	hais	tu as	haï
il	hait	il a	haï
nous	haïssons	n. avons	haï
vous	haïssez	v. avez	haï
ils	haïssent	ils ont	haï

Imparfait		Plus-que-parfait	
je	haïssais	j' avais	haï
tu	haïssais	tu avais	haï
il	haïssait	il avait	haï
nous	haïssions	n. avions	haï
vous	haïssiez	v. aviez	haï
ils	haïssaient	ils avaient	haï

Passé simple		Passé antérieur	
je	haïs	j' eus	haï
tu	haïs	tu eus	haï
il	haït	il eut	haï
nous	haïmes	n. eûmes	haï
vous	haïtes	v. eûtes	haï
ils	haïrent	ils eurent	haï

Futur simple		Futur antérieur	
je	haïrai	j' aurai	haï
tu	haïras	tu auras	haï
il	haïra	il aura	haï
nous	haïrons	n. aurons	haï
vous	haïrez	v. aurez	haï
ils	haïront	ils auront	haï

SUBJONCTIF

Présent	Passé	
que je haïsse	que j' aie	haï
que tu haïsses	que tu aies	haï
qu'il haïsse	qu'il ait	haï
que n. haïssions	que n. ayons	haï
que v. haïssiez	que v. ayez	haï
qu'ils haïssent	qu'ils aient	haï

Imparfait	Plus-que-parfait	
que je haïsse	que j' eusse	haï
que tu haïsses	que tu eusses	haï
qu'il haït	qu'il eût	haï
que n. haïssions	que n. eussions	haï
que v. haïssiez	que v. eussiez	haï
qu'ils haïssent	qu'ils eussent	haï

IMPÉRATIF

Présent	Passé	
hais	aie	haï
haïssons	ayons	haï
haïssez	ayez	haï

CONDITIONNEL

Présent	Passé 1re forme	
je haïrais	j' aurais	haï
tu haïrais	tu aurais	haï
il haïrait	il aurait	haï
n. haïrions	n. aurions	haï
v. haïriez	v. auriez	haï
ils haïraient	ils auraient	haï

Passé 2e forme		
j' eusse	haï
tu eusses	haï
il eût	haï
n. eussions	haï
v. eussiez	haï
ils eussent	haï

INFINITIF

Présent	Passé
haïr	avoir haï

PARTICIPE

Présent	Passé
haïssant	haï, ie
	ayant haï

21 TROISIÈME GROUPE

Le 3ᵉ groupe comprend :

1. **Le verbe** aller (tableau 22).

2. **Les verbes en** -ir qui ont le participe présent en -ant, et non en -issant (tableaux 23 à 37).

3. **Tous les verbes en** -oir (tableaux 38 à 52).

4. **Tous les verbes en** -re (tableaux 53 à 82).

Les soixante tableaux suivants permettent de conjuguer les quelques trois cent cinquante verbes du 3ᵉ groupe dont la liste est donnée pages 102 et 103; ils y sont classés par terminaisons et par référence au verbe type dont ils épousent les particularités de conjugaison. Ainsi se trouve exactement circonscrite cette conjugaison morte qui par sa complexité et ses singularités constitue la difficulté majeure du système verbal français.

Trois traits généraux peuvent cependant en être dégagés.

1. Le passé simple, dans le 3ᵉ groupe, est tantôt en *is : je fis, je dormis,* tantôt en *us : je valus; tenir* et *venir* font : *je tins, je vins.*

2. Le participe passé est tantôt en *i : dormi, senti, servi,* tantôt en *u : valu, tenu, venu,* etc. Dans un certain nombre de verbes appartenant à ce groupe, le participe passé n'a pas à proprement parler de terminaison et n'est qu'une modification du radical : *né, pris, fait, dit,* etc.

3. Au présent de l'indicatif, de l'impératif, du subjonctif on observe parfois une alternance vocalique qui oppose aux autres personnes les 1ʳᵉ et 2ᵉ personnes du pluriel : *nous* te*nons, vous* te*nez,* alternant avec *je* tien*s, tu* tien*s, il* tien*t, ils* tien*nent.* Cette modification du radical s'explique par le fait qu'en latin l'accent tonique frappait tantôt le radical (*ám-o :* radical fort) tantôt la terminaison (*am-ámus :* radical faible). Comme les syllabes ont évolué différemment selon qu'elles étaient accentuées ou atones, tous les verbes français devraient présenter une alternance de ce type. Mais l'analogie a généralisé tantôt le radical fort (*j'aime, nous aimons* au lieu de *nous amons*) plus rarement le radical faible (*nous trouvons, je trouve* au lieu de *je treuve*). Cependant d'assez nombreux verbes ont gardé trace de cette alternance tonique, rarement au 1ᵉʳ groupe : *je sème, nous semons,* plus fréquemment au 3ᵉ : voir entre autres : *j'acquiers/nous acquérons, je reçois/nous recevons, je meurs/nous mourons, je bois/nous buvons, je fais/nous faisons* (prononcé *fe*). Il n'est pour s'en rendre compte que de parcourir les tableaux suivants où les premières personnes du singulier et du pluriel, notées en rouge, soulignent cette particularité.

INDICATIF

Présent

je	vais
tu	vas
il	va
nous	allons
vous	allez
ils	vont

Passé composé

je	suis	allé
tu	es	allé
il	est	allé
n.	sommes	allés
v.	êtes	allés
ils	sont	allés

Imparfait

j'	allais
tu	allais
il	allait
nous	allions
vous	alliez
ils	allaient

Plus-que-parfait

j'	étais	allé
tu	étais	allé
il	était	allé
n.	étions	allés
v.	étiez	allés
ils	étaient	allés

Passé simple

j'	allai
tu	allas
il	alla
nous	allâmes
vous	allâtes
ils	allèrent

Passé antérieur

je	fus	allé
tu	fus	allé
il	fut	allé
n.	fûmes	allés
v.	fûtes	allés
ils	furent	allés

Futur simple

j'	irai
tu	iras
il	ira
nous	irons
vous	irez
ils	iront

Futur antérieur

je	serai	allé
tu	seras	allé
il	sera	allé
n.	serons	allés
v.	serez	allés
ils	seront	allés

SUBJONCTIF

Présent

que j'	aille
que tu	ailles
qu'il	aille
que n.	allions
que v.	alliez
qu'ils	aillent

Passé

que je	sois	allé
que tu	sois	allé
qu'il	soit	allé
que n.	soyons	allés
que v.	soyez	allés
qu'ils	soient	allés

Imparfait

que j'	allasse
que tu	allasses
qu'il	allât
que n.	allassions
que v.	allassiez
qu'ils	allassent

Plus-que-parfait

que je	fusse	allé
que tu	fusses	allé
qu'il	fût	allé
que n.	fussions	allés
que v.	fussiez	allés
qu'ils	fussent	allés

IMPÉRATIF

Présent

va
allons
allez

Passé

sois	allé
soyons	allés
soyez	allés

CONDITIONNEL

Présent

j'	irais
tu	irais
il	irait
n.	irions
v.	iriez
ils	iraient

Passé 1re forme

je	serais	allé
tu	serais	allé
il	serait	allé
n.	serions	allés
v.	seriez	allés
ils	seraient	allés

Passé 2e forme

je	fusse	allé
tu	fusses	allé
il	fût	allé
n.	fussions	allés
v.	fussiez	allés
ils	fussent	allés

INFINITIF

Présent	Passé
aller	être allé

PARTICIPE

Présent	Passé
allant	allé, ée
	étant allé

Le verbe **aller** se conjugue sur trois radicaux distincts : le radical **va** (*je vais, tu vas, il va*, impératif : *va*); le radical **-ir** au futur et au conditionnel : *j'irai, j'irais;* ailleurs le radical de l'infinitif **all-**.

À l'impératif, devant **en** et **y,** pronoms adverbiaux non suivis d'un infinitif, **va** prend un **s** : *vas-y,* mais *va en chercher d'autres.* À la forme interrogative on écrit *va-t-il?* comme *aima-t-il?*

S'en aller se conjugue comme **aller.** Aux temps composés on met l'auxiliaire **être** entre *en* et *allé* : *je m'en suis allé* et non *je me suis en allé.* L'impératif est : *va-t'en* (avec élision de l'*e* du pronom réfléchi *te*), *allons-nous en, allez-vous-en.*

INDICATIF

Présent

		Passé composé		
je	t iens	j'	ai	tenu
tu	t iens	tu as		tenu
il	t ient	il a		tenu
nous	t enons	n. avons		tenu
vous	t enez	v. avez		tenu
ils	t iennent	ils ont		tenu

Imparfait

		Plus-que-parfait		
je	t enais	j'	avais	tenu
tu	t enais	tu avais		tenu
il	t enait	il avait		tenu
nous	t enions	n. avions		tenu
vous	t eniez	v. aviez		tenu
ils	t enaient	ils avaient		tenu

Passé simple

		Passé antérieur		
je	t ins	j'	eus	tenu
tu	t ins	tu eus		tenu
il	t int	il eut		tenu
nous	t înmes	n. eûmes		tenu
vous	t întes	v. eûtes		tenu
ils	t inrent	ils eurent		tenu

Futur simple

		Futur antérieur		
je	t iendrai	j'	aurai	tenu
tu	t iendras	tu auras		tenu
il	t iendra	il aura		tenu
nous	t iendrons	n. aurons		tenu
vous	t iendrez	v. aurez		tenu
ils	t iendront	ils auront		tenu

SUBJONCTIF

Présent

		Passé		
que je	t ienne	que j'	aie	tenu
que tu	t iennes	que tu aies		tenu
qu'il	t ienne	qu'il ait		tenu
que n.	t enions	que n. ayons		tenu
que v.	t eniez	que v. ayez		tenu
qu'ils	t iennent	qu'ils aient		tenu

Imparfait

		Plus-que-parfait		
que je	t insse	que j'	eusse	tenu
que tu	t insses	que tu eusses		tenu
qu'il	t înt	qu'il eût		tenu
que n.	t inssions	que n. eussions		tenu
que v.	t inssiez	que v. eussiez		tenu
qu'ils	t inssent	qu'ils eussent		tenu

IMPÉRATIF

Présent

	Passé	
t iens	aie	tenu
t enons	ayons	tenu
t enez	ayez	tenu

CONDITIONNEL

Présent

		Passé 1re forme		
je	t iendrais	j'	aurais	tenu
tu	t iendrais	tu aurais		tenu
il	t iendrait	il aurait		tenu
n.	t iendrions	n. aurions		tenu
v.	t iendriez	v. auriez		tenu
ils	t iendraient	ils auraient		tenu

Passé 2e forme

j'	eusse	tenu
tu	eusses	tenu
il	eût	tenu
n.	eussions	tenu
v.	eussiez	tenu
ils	eussent	tenu

INFINITIF

Présent	Passé
t enir	avoir tenu

PARTICIPE

Présent	Passé
t enant	t enu, ue
	ayant tenu

Ainsi se conjuguent **tenir, venir** et leurs composés (page 102). **Venir** et ses composés prenne l'auxiliaire **être,** sauf *circonvenir, convenir, prévenir, subvenir.*

INDICATIF

Présent		Passé composé	
j'	acqu iers	j' ai	acquis
tu	acqu iers	tu as	acquis
il	acqu iert	il a	acquis
nous	acqu érons	n. avons	acquis
vous	acqu érez	v. avez	acquis
ils	acqu ièrent	ils ont	acquis

Imparfait		Plus-que-parfait	
j'	acqu érais	j' avais	acquis
tu	acqu érais	tu avais	acquis
il	acqu érait	il avait	acquis
nous	acqu érions	n. avions	acquis
vous	acqu ériez	v. aviez	acquis
ils	acqu éraient	ils avaient	acquis

Passé simple		Passé antérieur	
j'	acqu is	j' eus	acquis
tu	acqu is	tu eus	acquis
il	acqu it	il eut	acquis
nous	acqu îmes	n. eûmes	acquis
vous	acqu îtes	v. eûtes	acquis
ils	acqu irent	ils eurent	acquis

Futur simple		Futur antérieur	
j'	acqu errai	j' aurai	acquis
tu	acqu erras	tu auras	acquis
il	acqu erra	il aura	acquis
nous	acqu errons	n. aurons	acquis
vous	acqu errez	v. aurez	acquis
ils	acqu erront	ils auront	acquis

SUBJONCTIF

Présent		Passé	
que j'	acqu ière	que j'	aie	acquis
que tu	acqu ières	que tu aies	acquis
qu'il	acqu ière	qu'il ait	acquis
que n.	acqu érions	que n. ayons	acquis
que v.	acqu ériez	que v. ayez	acquis
qu'ils	acqu ièrent	qu'ils aient	acquis

Imparfait		Plus-que-parfait	
que j'	acqu isse	que j'	eusse	acquis
que tu	acqu isses	que tu eusses	acquis
qu'il	acqu ît	qu'il eût	acquis
que n.	acqu issions	que n. eussions	acquis
que v.	acqu issiez	que v. eussiez	acquis
qu'ils	acqu issent	qu'ils eussent	acquis

IMPÉRATIF

Présent	Passé	
acqu iers	aie	acquis
acqu érons	ayons	acquis
acqu érez	ayez	acquis

CONDITIONNEL

Présent	Passé 1ʳᵉ forme	
j' acqu errais	j' aurais	acquis
tu acqu errais	tu aurais	acquis
il acqu errait	il aurait	acquis
n. acqu errions	n. aurions	acquis
v. acqu erriez	v. auriez	acquis
ils acqu erraient	ils auraient	acquis

Passé 2ᵉ forme	
j' eusse	acquis
tu eusses	acquis
il eût	acquis
n. eussions	acquis
v. eussiez	acquis
ils eussent acquis

INFINITIF

Présent	Passé
acqu érir	avoir acquis

PARTICIPE

Présent	Passé
acqu érant	acqu is, ise
	ayant acquis

Ainsi se conjuguent les composés de **quérir** (page 102).

INDICATIF

Présent		Passé composé	
je	sen s	j' ai	senti
tu	sen s	tu as	senti
il	sen t	il a	senti
nous	sen tons	n. avons	senti
vous	sen tez	v. avez	senti
ils	sen tent	ils ont	senti

Imparfait		Plus-que-parfait	
je	sen tais	j' avais	senti
tu	sen tais	tu avais	senti
il	sen tait	il avait	senti
nous	sen tions	n. avions	senti
vous	sen tiez	v. aviez	senti
ils	sen taient	ils avaient	senti

Passé simple		Passé antérieur	
je	sen tis	j' eus	senti
tu	sen tis	tu eus	senti
il	sen tit	il eut	senti
nous	sen tîmes	n. eûmes*	senti
vous	sen tîtes	v. eûtes	senti
ils	sen tirent	ils eurent	senti

Futur simple		Futur antérieur	
je	sen tirai	j' aurai	senti
tu	sen tiras	tu auras	senti
il	sen tira	il aura	senti
nous	sen tirons	n. aurons	senti
vous	sen tirez	v. aurez	senti
ils	sen tiront	ils auront	senti

SUBJONCTIF

Présent		Passé	
que je	sen te	que j'	aie	senti
que tu	sen tes	que tu	aies	senti
qu'il	sen te	qu'il	ait	senti
que n.	sen tions	que n.	ayons	senti
que v.	sen tiez	que v.	ayez	senti
qu'ils	sen tent	qu'ils	aient	senti

Imparfait		Plus-que-parfait	
que je	sen tisse	que j'	eusse	senti
que tu	sen tisses	que tu	eusses	senti
qu'il	sen tît	qu'il	eût	senti
que n.	sen tissions	que n.	eussions	senti
que v.	sen tissiez	que v.	eussiez	senti
qu'ils	sen tissent	qu'ils	eussent	senti

IMPÉRATIF

Présent	Passé	
sen s	aie	senti
sen tons	ayons	senti
sen tez	ayez	senti

CONDITIONNEL

Présent		Passé 1ʳᵉ forme	
je	sen tirais	j'	aurais	senti
tu	sen tirais	tu	aurais	senti
il	sen tirait	il	aurait	senti
n.	sen tirions	n.	aurions	senti
v.	sen tiriez	v.	auriez	senti
ils	sen tiraient	ils	auraient	senti

Passé 2ᵉ forme		
j'	eusse	senti
tu	eusses	senti
il	eût	senti
n.	eussions	senti
v.	eussiez	senti
ils	eussent	senti

INFINITIF

Présent	Passé
sen tir	avoir senti

PARTICIPE

Présent	Passé
sen tant	sen ti, ie
	ayant senti

Ainsi se conjuguent **mentir, sentir, partir, se repentir, sortir** et leurs composés (page 102).
Le participe passé *menti* est invariable mais *démenti, ie* s'accorde.

INDICATIF

Présent		Passé composé	
je	vêts	j' ai	vêtu
tu	vêts	tu as	vêtu
il	vêt	il a	vêtu
nous	vêtons	n. avons	vêtu
vous	vêtez	v. avez	vêtu
ils	vêtent	ils ont	vêtu

Imparfait		Plus-que-parfait	
je	vêtais	j' avais	vêtu
tu	vêtais	tu avais	vêtu
il	vêtait	il avait	vêtu
nous	vêtions	n. avions	vêtu
vous	vêtiez	v. aviez	vêtu
ils	vêtaient	ils avaient	vêtu

Passé simple		Passé antérieur	
je	vêtis	j' eus	vêtu
tu	vêtis	tu eus	vêtu
il	vêtit	il eut	vêtu
nous	vêtîmes	n. eûmes	vêtu
vous	vêtîtes	v. eûtes	vêtu
ils	vêtirent	ils eurent	vêtu

Futur simple		Futur antérieur	
je	vêtirai	j' aurai	vêtu
tu	vêtiras	tu auras	vêtu
il	vêtira	il aura	vêtu
nous	vêtirons	n. aurons	vêtu
vous	vêtirez	v. aurez	vêtu
ils	vêtiront	ils auront	vêtu

SUBJONCTIF

Présent		Passé	
que je	vête	que j' aie	vêtu
que tu	vêtes	que tu aies	vêtu
qu'il	vête	qu'il ait	vêtu
que n.	vêtions	que n. ayons	vêtu
que v.	vêtiez	que v. ayez	vêtu
qu'ils	vêtent	qu'ils aient	vêtu

Imparfait		Plus-que-parfait	
que je	vêtisse	que j' eusse	vêtu
que tu	vêtisses	que tu eusses	vêtu
qu'il	vêtît	qu'il eût	vêtu
que n.	vêtissions	que n. eussions	vêtu
que v.	vêtissiez	que v. eussiez	vêtu
qu'ils	vêtissent	qu'ils eussent	vêtu

IMPÉRATIF

Présent	Passé	
vêts	aie	vêtu
vêtons	ayons	vêtu
vêtez	ayez	vêtu

CONDITIONNEL

Présent		Passé 1ʳᵉ forme		
je	vêtirais	j'	aurais	vêtu
tu	vêtirais	tu	aurais	vêtu
il	vêtirait	il	aurait	vêtu
n.	vêtirions	n.	aurions	vêtu
v.	vêtiriez	v.	auriez	vêtu
ils	vêtiraient	ils	auraient	vêtu

Passé 2ᵉ forme		
j'	eusse	vêtu
tu	eusses	vêtu
il	eût	vêtu
n.	eussions	vêtu
v.	eussiez	vêtu
ils	eussent	vêtu

INFINITIF

Présent	Passé
vêtir	avoir vêtu

PARTICIPE

Présent	Passé
vêtant	vêtu, ue
	ayant vêtu

Ainsi se conjuguent **dévêtir** et **revêtir**.
Le singulier du présent de l'indicatif et de l'impératif de *vêtir* est peu usité.
Un grand nombre d'écrivains ont conjugué ce verbe sur **finir** : *Dieu leur a refusé le cocotier qui ombrage,
loge*, **vêtit**, *nourrit et abreuve les enfants de Brahma* (VOLTAIRE). *Les sauvages vivaient et* **se vêtissaient**
du produit de leurs chasses (CHATEAUBRIAND). *Comme un fils de Morven*, **me vêtissant** *d'orages...*
(LAMARTINE). Ce serait faire preuve d'un rigorisme excessif que de ne pas accueillir des formes
aussi autorisées à côté des formes un peu sourdes : *vêt, vêtent*, etc. Cependant dans les composés,
les formes primitives sont seules admises : *il revêt, il revêtait, revêtant.*

27 VERBES EN -VRIR OU -FRIR : COUVRIR

INDICATIF

Présent		Passé composé		
je	couvr e	j'	ai	couvert
tu	couvr es	tu	as	couvert
il	couvr e	il	a	couvert
nous	couvr ons	n.	avons	couvert
vous	couvr ez	v.	avez	couvert
ils	couvr ent	ils	ont	couvert

Imparfait		Plus-que-parfait		
je	couvr ais	j'	avais	couvert
tu	couvr ais	tu	avais	couvert
il	couvr ait	il	avait	couvert
nous	couvr ions	n.	avions	couvert
vous	couvr iez	v.	aviez	couvert
ils	couvr aient	ils	avaient	couvert

Passé simple		Passé antérieur		
je	couvr is	j'	eus	couvert
tu	couvr is	tu	eus	couvert
il	couvr it	il	eut	couvert
nous	couvr îmes	n.	eûmes	couvert
cous	couvr îtes	v.	eûtes	couvert
ils	couvr irent	ils	eurent	couvert

Futur simple		Futur antérieur		
je	couvr irai	j'	aurai	couvert
tu	couvr iras	tu	auras	couvert
il	couvr ira	il	aura	couvert
nous	couvr irons	n.	aurons	couvert
vous	couvr irez	v.	aurez	couvert
ils	couvr iront	ils	auront	couvert

SUBJONCTIF

Présent		Passé		
que je couvr e		que j'	aie	couvert
que tu couvr es		que tu	aies	couvert
qu'il couvr e		qu'il	ait	couvert
que n. couvr ions		que n.	ayons	couvert
que v. couvr iez		que v.	ayez	couvert
qu'ils couvr ent		qu'ils	aient	couvert

Imparfait		Plus-que-parfait		
que je couvr isse		que j'	eusse	couvert
que tu couvr isses		que tu	eusses	couvert
qu'il couvr ît		qu'il	eût	couvert
que n. couvr issions		que n.	eussions	couvert
que v. couvr issiez		que v.	eussiez	couvert
qu'ils couvr issent		qu'ils	eussent	couvert

IMPÉRATIF

Présent	Passé	
couvr e	aie	couvert
couvr ons	ayons	couvert
couvr ez	ayez	couvert

CONDITIONNEL

Présent	Passé 1re forme		
je couvr irais	j'	aurais	couvert
tu couvr irais	tu	aurais	couvert
il couvr irait	il	aurait	couvert
n. couvr irions	n.	aurions	couvert
v. couvr iriez	v.	auriez	couvert
ils couvr iraient	ils	auraient	couvert

Passé 2e forme		
j'	eusse	couvert
tu	eusses	couvert
il	eût	couvert
n.	eussions	couvert
v.	eussiez	couvert
ils	eussent	couvert

INFINITIF

Présent	Passé
couvrir	avoir couvert

PARTICIPE

Présent	Passé
couvrant	couvert, te
	ayant couvert

Ainsi se conjuguent **couvrir, ouvrir, offrir, souffrir** et leurs composés (page 102). Remarquer l'analogie des terminaisons du présent de l'indicatif, de l'impératif et du subjonctif avec celles des verbes du 1er groupe.

INDICATIF

Présent		Passé composé	
je cueill e	j' ai	cueilli
tu cueill es	tu as	cueilli
il cueill e	il a	cueilli
nous cueill ons	n. avons	cueilli
vous cueill ez	v. avez	cueilli
ils cueill ent	ils ont	cueilli

Imparfait		Plus-que-parfait	
je cueill ais	j' avais	cueilli
tu cueill ais	tu avais	cueilli
il cueill ait	il avait	cueilli
nous cueill ions	n. avions	cueilli
vous cueill iez	v. aviez	cueilli
ils cueill aient	ils avaient	cueilli

Passé simple		Passé antérieur	
je cueill is	j' eus	cueilli
tu cueill is	tu eus	cueilli
il cueill it	il eut	cueilli
nous cueill îmes	n. eûmes	cueilli
vous cueill îtes	v. eûtes	cueilli
ils cueill irent	ils eurent	cueilli

Futur simple		Futur antérieur	
je cueill erai	j' aurai	cueilli
tu cueill eras	tu auras	cueilli
il cueill era	il aura	cueilli
nous cueill erons	n. aurons	cueilli
vous cueill erez	v. aurez	cueilli
ils cueill eront	ils auront	cueilli

SUBJONCTIF

Présent	Passé	
que je cueill e	que j' aie	cueilli
que tu cueill es	que tu aies	cueilli
qu'il cueill e	qu'il ait	cueilli
que n. cueill ions	que n. ayons	cueilli
que v. cueill iez	que v. ayez	cueilli
qu'ils cueill ent	qu'ils aient	cueilli

Imparfait	Plus-que-parfait	
que je cueill isse	que j' eusse	cueilli
que tu cueill isses	que tu eusses	cueilli
qu'il cueill ît	qu'il eût	cueilli
que n. cueill issions	que n. eussions	cueilli
que v. cueill issiez	que v. eussiez	cueilli
qu'ils cueill issent	qu'ils eussent	cueilli

IMPÉRATIF

Présent	Passé	
cueill e	aie	cueilli
cueill ons	ayons	cueilli
cueill ez	ayez	cueilli

CONDITIONNEL

Présent	Passé 1re forme	
je cueill erais	j' aurais	cueilli
tu cueill erais	tu aurais	cueilli
il cueill erait	il aurait	cueilli
n. cueill erions	n. aurions	cueilli
v. cueill eriez	v. auriez	cueilli
ils cueill eraient	ils auraient	cueilli

Passé 2e forme		
j' eusse	cueilli
tu eusses	cueilli
il eût	cueilli
n. eussions	cueilli
v. eussiez	cueilli
ils eussent	cueilli

INFINITIF

Présent	Passé
cueillir	avoir cueilli

PARTICIPE

Présent	Passé
cueill ant	cueill i, ie
	ayant cueilli

Ainsi se conjuguent **accueillir** et **recueillir**. Remarquer l'analogie des terminaisons de ce verbe avec celles du 1er groupe, en particulier au futur et au conditionnel : *je cueillerai* comme *j'aimerai*. (Mais le passé simple est *je cueillis*, différent de *j'aimai*.)

29 VERBES EN -AILLIR : ASSAILLIR

INDICATIF

Présent		Passé composé	
j'	ass aille	j' ai	assailli
tu	ass ailles	tu as	assailli
il	ass aille	il a	assailli
nous	ass aillons	n. avons	assailli
vous	ass aillez	v. avez	assailli
ils	ass aillent	ils ont	assailli

Imparfait		Plus-que-parfait	
j'	ass aillais	j' avais	assailli
tu	ass aillais	tu avais	assailli
il	ass aillait	il avait	assailli
nous	ass aillions	n. avions	assailli
vous	ass ailliez	v. aviez	assailli
ils	ass aillaient	ils avaient	assailli

Passé simple		Passé antérieur	
j'	ass aillis	j' eus	assailli
tu	ass aillis	tu eus	assailli
il	ass aillit	il eut	assailli
nous	ass aillîmes	n. eûmes	assailli
vous	ass aillîtes	v. eûtes	assailli
ils	ass aillirent	ils eurent	assailli

Futur simple		Futur antérieur	
j'	ass aillirai	j' aurai	assailli
tu	ass ailliras	tu auras	assailli
il	ass aillira	il aura	assailli
nous	ass aillirons	n. aurons	assailli
vous	ass aillirez	v. aurez	assailli
ils	ass ailliront	ils auront	assailli

SUBJONCTIF

Présent		Passé	
que j'	ass aille	que j' aie	assailli
que tu	ass ailles	que tu aies	assailli
qu'il	ass aille	qu'il ait	assailli
que n.	ass aillions	que n. ayons	assailli
que v.	ass ailliez	que v. ayez	assailli
qu'ils	ass aillent	qu'ils aient	assailli

Imparfait		Plus-que-parfait	
que j'	ass aillisse	que j' eusse	assailli
que tu	ass aillisses	que tu eusses	assailli
qu'il	ass aillît	qu'il eût	assailli
que n.	ass aillissions	que n. eussions	assailli
que v.	ass aillissiez	que v. eussiez	assailli
qu'ils	ass aillissent	qu'ils eussent	assailli

IMPÉRATIF

Présent	Passé	
ass aille	aie	assailli
ass aillons	ayons	assailli
ass aillez	ayez	assailli

CONDITIONNEL

Présent	Passé 1re forme	
j' ass aillirais	j' aurais	assailli
tu ass aillirais	tu aurais	assailli
il ass aillirait	il aurait	assailli
n. ass aillirions	n. aurions	assailli
v. ass ailliriez	v. auriez	assailli
ils ass ailliraient	ils auraient	assailli

Passé 2e forme	
j' eusse	assailli
tu eusses	assailli
il eût	assailli
n. eussions	assailli
v. eussiez	assailli
ils eussent	assailli

INFINITIF

Présent	Passé
ass aillir	avoir assailli

PARTICIPE

Présent	Passé
ass aillant	ass ailli, ie
	ayant assailli

Ainsi se conjuguent **tressaillir** et **défaillir** (cf. page suivante). Si quelques prosateurs célèbres ont risqué : *il tressaillit* au présent de l'indicatif, le dictionnaire de l'Académie, loin d'autoriser cette licence, écrit : *il tressaille de joie*. De même pour *je tressaillerai*, en regard de la seule forme correcte : *je tressaillirai*.

INDICATIF

Présent		Passé composé
je	faux	j'ai failli, etc.
tu	faux	
il	faut	
nous	faillons	
vous	faillez	
ils	faillent	

Imparfait		Plus-que-parfait
je	faillais, etc.	j'avais failli...

Passé simple		Passé antérieur
je	faillis, etc.	j'eus failli, etc.

Futur simple		Futur antérieur
je	faillirai, etc.	j'aurai failli, etc.
je	faudrai, etc.	

SUBJONCTIF

Présent	Passé
que je faille, etc.	que j'aie failli, etc.

Imparfait	Plus-que-parfait
que je faillisse, etc.	que j'eusse failli

IMPÉRATIF

Présent

....

CONDITIONNEL

Présent	Passé 1re forme
je faillirais, etc.	j'aurais failli...
je faudrais, etc.	

INFINITIF

Présent	Passé
faillir	avoir failli

PARTICIPE

Présent	Passé
faillant	failli, ayant failli

Le verbe **faillir** a trois emplois distincts :

1. Au sens de *manquer de* (semi-auxiliaire suivi de l'infinitif) : *j'ai failli tomber,* il n'a que le passé simple : *je faillis;* le futur, le conditionnel : *je faillirai, je faillirais,* et tous les temps composés du type *avoir failli.*

2. Ces mêmes formes sont usitées avec le sens de *manquer à : je ne faillirai jamais à mon devoir.* Mais dans cette acception on trouve aussi quelques formes archaïques qui survivent surtout dans des expressions toutes faites comme *Le cœur me faut.* Ce sont elles qui sont signalées ci-dessus en italique.

3. Enfin au sens de *faire faillite* ce verbe se conjugue régulièrement sur **finir,** mais il est pratiquement inusité, sauf au participe passé employé comme nom : *un failli.*

VERBE **DÉFAILLIR**

Ce verbe se conjugue sur **assaillir** (tableau 29), mais certains temps sont moins usités (présent de l'indicatif au singulier, futur simple et conditionnel présent), sans doute en raison d'hésitations dues à la persistance de formes archaïques aujourd'hui sorties de l'usage, telles que :

Indicatif présent : je défaus, tu défaus, il défaut
Indicatif futur : je défaudrai, etc.

Mais ces hésitations n'autorisent pas à dire au futur : *je défaillerai* pour *je défaillirai.*

31 VERBE **BOUILLIR**

INDICATIF

Présent		Passé composé	
je	bous	j' ai	bouilli
tu	bous	tu as	bouilli
il	bout	il a	bouilli
nous	bouill ons	n. avons	bouilli
vous	bouill ez	v. avez	bouilli
ils	bouill ent	ils ont	bouilli

Imparfait		Plus-que-parfait	
je	bouill ais	j' avais	bouilli
tu	bouill ais	tu avais	bouilli
il	bouill ait	il avait	bouilli
nous	bouill ions	n. avions	bouilli
vous	bouill iez	v. aviez	bouilli
ils	bouill aient	ils avaient	bouilli

Passé simple		Passé antérieur	
je	bouill is	j' eus	bouilli
tu	bouill is	tu eus	bouilli
il	bouill it	il eut	bouilli
nous	bouill îmes	n. eûmes	bouilli
vous	bouill îtes	v. eûtes	bouilli
ils	bouill irent	ils eurent	bouilli

Futur simple		Futur antérieur	
je	bouill irai	j' aurai	bouilli
tu	bouill iras	tu auras	bouilli
il	bouill ira	il aura	bouilli
nous	bouill irons	n. aurons	bouilli
vous	bouill irez	v. aurez	bouilli
ils	bouill iront	ils auront	bouilli

SUBJONCTIF

Présent		Passé	
que je	bouill e	que j' aie	bouilli
que tu	bouill es	que tu aies	bouilli
qu'il	bouill e	qu'il ait	bouilli
que n.	bouill ions	que n. ayons	bouilli
que v.	bouill iez	que v. ayez	bouilli
qu'ils	bouill ent	qu'ils aient	bouilli

Imparfait		Plus-que-parfait	
que je	bouill isse	que j' eusse	bouilli
que tu	bouill isses	que tu eusses	bouilli
qu'il	bouill ît	qu'il eût	bouilli
que n.	bouill issions	que n. eussions	bouilli
que v.	bouill issiez	que v. eussiez	bouilli
qu'ils	bouill issent	qu'ils eussent	bouilli

IMPÉRATIF

Présent	Passé	
bou s	aie	bouilli
bouill ons	ayons	bouilli
bouill ez	ayez	bouilli

CONDITIONNEL

Présent		Passé 1re forme	
je	bouill irais	j' aurais	bouilli
tu	bouill irais	tu aurais	bouilli
il	bouill irait	il aurait	bouilli
n.	bouill irions	n. aurions	bouilli
v.	bouill iriez	v. auriez	bouilli
ils	bouill iraient	ils auraient	bouilli

Passé 2e forme		
j'	eusse	bouilli
tu	eusses	bouilli
il	eût	bouilli
n.	eussions	bouilli
v.	eussiez	bouilli
Ils	eussent	bouilli

INFINITIF

Présent	Passé
bouill ir	avoir bouilli

PARTICIPE

Présent	Passé
bouill ant	bouill i, ie
	ayant bouilli

INDICATIF

Présent		Passé composé	
je	dors	j' ai	dormi
tu	dors	tu as	dormi
il	dort	il a	dormi
nous	dorm ons	n. avons	dormi
vous	dorm ez	v. avez	dormi
ils	dorm ent	ils ont	dormi

Imparfait		Plus-que-parfait	
je	dorm ais	j' avais	dormi
tu	dorm ais	tu avais	dormi
il	dorm ait	il avait	dormi
nous	dorm ions	n. avions	dormi
vous	dorm iez	v. aviez	dormi
ils	dorm aient	ils avaient	dormi

Passé simple		Passé antérieur	
je	dorm is	j' eus	dormi
tu	dorm is	tu eus	dormi
il	dorm it	il eut	dormi
nous	dorm îmes	n. eûmes	dormi
vous	dorm îtes	v. eûtes	dormi
ils	dorm irent	ils eurent	dormi

Futur simple		Futur antérieur	
je	dorm irai	j' aurai	dormi
tu	dorm iras	tu auras	dormi
il	dorm ira	il aura	dormi
nous	dorm irons	n. aurons	dormi
vous	dorm irez	v. aurez	dormi
ils	dorm iront	ils auront	dormi

SUBJONCTIF

Présent		Passé	
que je	dorm e	que j'	aie dormi
que tu	dorm es	que tu	aies dormi
qu'il	dorm e	qu'il	ait dormi
que n.	dorm ions	que n.	ayons dormi
que v.	dorm iez	que v.	ayez dormi
qu'ils	dorm ent	qu'ils	aient dormi

Imparfait		Plus-que-parfait	
que je	dorm isse	que j'	eusse dormi
que tu	dorm isses	que tu	eusses dormi
qu'il	dorm ît	qu'il	eût dormi
que n.	dorm issions	que n.	eussions dormi
que v.	dorm issiez	que v.	eussiez dormi
qu'ils	dorm issent	qu'ils	eussent dormi

IMPÉRATIF

Présent	Passé	
dors	aie	dormi
dorm ons	ayons	dormi
dorm ez	ayez	dormi

CONDITIONNEL

Présent		Passé 1re forme	
je	dorm irais	j'	aurais dormi
tu	dorm irais	tu	aurais dormi
il	dorm irait	il	aurait dormi
n.	dorm irions	n.	aurions dormi
v.	dorm iriez	v.	auriez dormi
ils	dorm iraient	ils	auraient dormi

Passé 2e forme	
j'	eusse dormi
tu	eusses dormi
il	eût dormi
n.	eussions dormi
v.	eussiez dormi
ils	eussent dormi

INFINITIF

Présent	Passé
dorm ir	avoir dormi

PARTICIPE

Présent	Passé
dorm ant	dorm i
	ayant dormi

Ainsi se conjuguent **redormir, endormir, rendormir.** Ces deux derniers verbes ont le participe passé variable, *endormi, endormie,* alors que le féminin *dormie* est pratiquement inusité.

INDICATIF

Présent		Passé composé	
je	cours	j'	ai	couru
tu	cours	tu as	couru
il	court	il a	couru
nous	courons	n. avons	couru
vous	courez	v. avez	couru
ils	courent	ils ont	couru

Imparfait		Plus-que-parfait	
je	courais	j'	avais	couru
tu	courais	tu avais	couru
il	courait	il avait	couru
nous	courions	n. avions	couru
vous	couriez	v. aviez	couru
ils	couraient	ils avaient	couru

Passé simple		Passé antérieur	
je	courus	j'	eus	couru
tu	courus	tu eus	couru
il	courut	il eut	couru
nous	courûmes	n. eûmes	couru
vous	courûtes	v. eûtes	couru
ils	coururent	ils eurent	couru

Futur simple		Futur antérieur	
je	courrai	j'	aurai	couru
tu	courras	tu auras	couru
il	courra	il aura	couru
nous	courrons	n. aurons	couru
vous	courrez	v. aurez	couru
ils	courront	ils auront	couru

SUBJONCTIF

Présent	Passé	
que je coure	que j' aie	couru
que tu coures	que tu aies	couru
qu'il coure	qu'il ait	couru
que n. courions	que n. ayons	couru
que v. couriez	que v. ayez	couru
qu'ils courent	qu'ils aient	couru

Imparfait	Plus-que-parfait	
que je courusse	que j' eusse	couru
que tu courusses	que tu eusses	couru
qu'il courût	qu'il eût	couru
que n. courussions	que n. eussions	couru
que v. courussiez	que v. eussiez	couru
qu'ils courussent	qu'ils eussent	couru

IMPÉRATIF

Présent	Passé	
cours	aie	couru
courons	ayons	couru
courez	ayez	couru

CONDITIONNEL

Présent		Passé 1re forme	
je	courrais	j'	aurais	couru
tu	courrais	tu aurais	couru
il	courrait	il aurait	couru
n.	courrions	n. aurions	couru
v.	courriez	v. auriez	couru
ils	courraient	ils auraient	couru

Passé 2e forme		
j'	eusse	couru
tu	eusses	couru
il	eût	couru
n.	eussions	couru
v.	eussiez	couru
ils	eussent	couru

INFINITIF

Présent	Passé
courir	avoir couru

PARTICIPE

Présent	Passé
courant	couru, ue
	ayant couru

Ainsi se conjuguent les composés de **courir** (page 102).
Remarquer les deux **r** du futur et du conditionnel présent : *je courrai, je courrais.*

INDICATIF

Présent

je	meurs
tu	meurs
il	meurt
nous	mourons
vous	mourez
ils	meurent

Passé composé

je	suis	mort
tu	es	mort
il	est	mort
n.	sommes	morts
v.	êtes	morts
ils	sont	morts

Imparfait

je	mourais
tu	mourais
il	mourait
nous	mourions
vous	mouriez
ils	mouraient

Plus-que-parfait

j'	étais	mort
tu	étais	mort
il	était	mort
n.	étions	morts
v.	étiez	morts
ils	étaient	morts

Passé simple

je	mourus
tu	mourus
il	mourut
nous	mourûmes
vous	mourûtes
ils	moururent

Passé antérieur

je	fus	mort
tu	fus	mort
il	fut	mort
n.	fûmes	morts
v.	fûtes	morts
ils	furent	morts

Futur simple

je	mourrai
tu	mourras
il	mourra
nous	mourrons
vous	mourrez
ils	mourront

Futur antérieur

je	serai	mort
tu	seras	mort
il	sera	mort
n.	serons	morts
v.	serez	morts
ils	seront	morts

SUBJONCTIF

Présent

que je	meure
que tu	meures
qu'il	meure
que n.	mourions
que v.	mouriez
qu'ils	meurent

Passé

que je	sois	mort
que tu	sois	mort
qu'il	soit	mort
que n.	soyons	morts
que v.	soyez	morts
qu'ils	soient	morts

Imparfait

que je	mourusse
que tu	mourusses
qu'il	mourût
que n.	mourussions
que v.	mourussiez
qu'ils	mourussent

Plus-que-parfait

que je	fusse	mort
que tu	fusses	mort
qu'il	fût	mort
que n.	fussions	morts
que v.	fussiez	morts
qu'ils	fussent	morts

IMPÉRATIF

Présent

meurs
mourons
mourez

Passé

sois	mort
soyons	morts
soyez	morts

CONDITIONNEL

Présent

je	mourrais
tu	mourrais
il	mourrait
n.	mourrions
v.	mourriez
ils	mourraient

Passé 1re forme

je	serais	mort
tu	serais	mort
il	serait	mort
n.	serions	morts
v.	seriez	morts
ils	seraient	morts

Passé 2e forme

je	fusse	mort
tu	fusses	mort
il	fût	mort
n.	fussions	morts
v.	fussiez	morts
ils	fussent	morts

INFINITIF

Présent

mourir

Passé

être mort

PARTICIPE

Présent

mourant

Passé

mort, te
étant mort

Remarquer le redoublement de l'**r** au futur et au conditionnel présent : *je mourrai, je mourrais,* et l'emploi de l'auxiliaire **être** dans les temps composés.

INDICATIF

Présent		Passé composé	
je	sers	j' ai	servi
tu	sers	tu as	servi
il	sert	il a	servi
nous	serv ons	n. avons	servi
vous	serv ez	v. avez	servi
ils	serv ent	ils ont	servi

Imparfait		Plus-que-parfait	
je	serv ais	j' avais	servi
tu	serv ais	tu avais	servi
il	serv ait	il avait	servi
nous	serv ions	n. avions	servi
vous	serv iez	v. aviez	servi
ils	serv aient	ils avaient	servi

Passé simple		Passé antérieur	
je	serv is	j' eus	servi
tu	serv is	tu eus	servi
il	serv it	il eut	servi
nous	serv îmes	n. eûmes	servi
vous	serv îtes	v. eûtes	servi
ils	serv irent	ils eurent	servi

Futur simple		Futur antérieur	
je	serv irai	j' aurai	servi
tu	serv iras	tu auras	servi
il	serv ira	il aura	servi
nous	serv irons	n. aurons	servi
vous	serv irez	v. aurez	servi
ils	serv iront	ils auront	servi

SUBJONCTIF

Présent		Passé	
que je serv e		que j' aie	servi
que tu serv es		que tu aies	servi
qu'il serv e		qu'il ait	servi
que n. serv ions		que n. ayons	servi
que v. serv iez		que v. ayez	servi
qu'ils serv ent		qu'ils aient	servi

Imparfait		Plus-que-parfait	
que je serv isse		que j' eusse	servi
que tu serv isses		que tu eusses	servi
qu'il serv ît		qu'il eût	servi
que n. serv issions		que n. eussions	servi
que v. serv issiez		que v. eussiez	servi
qu'ils serv issent		qu'ils eussent	servi

IMPÉRATIF

Présent	Passé	
sers	aie	servi
serv ons	ayons	servi
serv ez	ayez	servi

CONDITIONNEL

Présent		Passé 1re forme	
je	serv irais	j'	aurais servi
tu	serv irais	tu	aurais servi
il	serv irait	il	aurait servi
n.	serv irions	n.	aurions servi
v.	serv iriez	v.	auriez servi
ils	serv iraient	ils	auraient servi

Passé 2e forme		
j'	eusse	servi
tu	eusses	servi
il	eût	servi
n.	eussions	servi
v.	eussiez	servi
ils	eussent	servi

INFINITIF

Présent	Passé
serv ir	avoir servi

PARTICIPE

Présent	Passé
serv ant	serv i, ie
	ayant servi

Ainsi se conjuguent **desservir, resservir**. Mais **asservir** se conjugue sur **finir**.

INDICATIF

Présent

je	fuis
tu	fuis
il	fuit
nous	fuyons
vous	fuyez
ils	fuient

Passé composé

j'	ai	fui
tu	as	fui
il	a	fui
n.	avons	fui
v.	avez	fui
ils	ont	fui

Imparfait

je	fuyais
tu	fuyais
il	fuyait
nous	fuyions
vous	fuyiez
ils	fuyaient

Plus-que-parfait

j'	avais	fui
tu	avais	fui
il	avait	fui
n.	avions	fui
v.	aviez	fui
ils	avaient	fui

Passé simple

je	fuis
tu	fuis
il	fuit
nous	fuîmes
vous	fuîtes
ils	fuirent

Passé antérieur

j'	eus	fui
tu	eus	fui
il	eut	fui
n.	eûmes	fui
v.	eûtes	fui
ils	eurent	fui

Futur simple

je	fuirai
tu	fuiras
il	fuira
nous	fuirons
vous	fuirez
ils	fuiront

Futur antérieur

j'	aurai	fui
tu	auras	fui
il	aura	fui
n.	aurons	fui
v.	aurez	fui
ils	auront	fui

SUBJONCTIF

Présent

| que je fuie |
| que tu fuies |
| qu'il fuie |
| que n. fuyions |
| que v. fuyiez |
| qu'ils fuient |

Passé

que j'	aie	fui
que tu	aies	fui
qu'il	ait	fui
que n.	ayons	fui
que v.	ayez	fui
qu'ils	aient	fui

Imparfait

| que je fuisse |
| que tu fuisses |
| qu'il fuît |
| que n. fuissions |
| que v. fuissiez |
| qu'ils fuissent |

Plus-que-parfait

que j'	eusse	fui
que tu	eusses	fui
qu'il	eût	fui
que n.	eussions	fui
que v.	eussiez	fui
qu'ils	eussent	fui

IMPÉRATIF

Présent

fuis
fuyons
fuyez

Passé

aie fui
ayons fui
ayez fui

CONDITIONNEL

Présent

je	fuirais
tu	fuirais
il	fuirait
n.	fuirions
v.	fuiriez
ils	fuiraient

Passé 1re forme

j'	aurais	fui
tu	aurais	fui
il	aurait	fui
n.	aurions	fui
v.	auriez	fui
ils	auraient	fui

Passé 2e forme

j'	eusse	fui
tu	eusses	fui
il	eût	fui
n.	eussions	fui
v.	eussiez	fui
ils	eussent	fui

INFINITIF

Présent

fuir

Passé

avoir fui

PARTICIPE

Présent

fuyant

Passé

fui, ie
ayant fui

Ainsi se conjugue **s'enfuir.**

INDICATIF

Présent		Passé composé
j'	ois	j'ai ouï
tu	ois	
il	oit	
nous	oyons	
vous	oyez	
ils	oient	

Imparfait		Plus-que-parfait
j'	oyais	j'avais ouï

Passé simple		Passé antérieur
j'	ouïs	j'eus ouï

Futur simple		Futur antérieur
j'	ouïrai	j'aurai ouï
j'	orrai	
j'	oirai	

SUBJONCTIF

Présent		Passé
que j'	oie	que j'aie ouï
que tu	oies	
qu'il	oie	
que n.	oyions	
que v.	oyiez	
qu'ils	oient	

Imparfait		Plus-que-parfait
que j'	ouïsse	que j'eusse ouï

CONDITIONNEL   IMPÉRATIF

Présent	Présent
j'ouïrais	ois
j'orrais	oyons
j'oirais	oyez

Passé 1re forme
j'aurais ouï

INFINITIF

Présent	Passé
ouïr	avoir ouï

PARTICIPE

Présent	Passé
oyant	ouï, ïe ayant ouï

Le verbe **ouïr** a définitivement cédé la place à **entendre**. Il n'est plus employé qu'à l'infinitif et dans l'expression *« par ouï-dire »*. La conjugaison archaïque est donnée ci-dessus en italique, excepté pour les formes qui se sont maintenues le plus longtemps. A noter le futur *j'ouïrai*, refait d'après l'infinitif sur le modèle de : **sentir, je sentirai.**

VERBE **GÉSIR**

Ce verbe, qui signifie : *être couché*, n'est plus d'usage qu'aux formes ci-après :

INDICATIF	Présent		Imparfait	PARTICIPE	Présent
	je	gis	je gisais		gisant
	tu	gis	tu gisais		
	il	gît	il gisait		
	nous	gisons	nous gisions		
	vous	gisez	vous gisiez		
	ils	gisent	ils gisaient		

On n'emploie guère le verbe **gésir** qu'en parlant des personnes malades ou mortes, et de choses renversées par le temps ou la destruction : *Nous* **gisions** *tous les deux sur le pavé d'un cachot, malades et privés de secours. Son cadavre* **gît** *maintenant dans le tombeau. Des colonnes* **gisant** *éparses* (Académie). Cf. l'inscription funéraire : *ci-gît.*

INDICATIF

Présent		Passé composé	
je	re çois	j' ai	reçu
tu	re çois	tu as	reçu
il	re çoit	il a	reçu
nous	re cevons	n. avons	reçu
vous	re cevez	v. avez	reçu
ils	re çoivent	ils ont	reçu

Imparfait		Plus-que-parfait	
je	re cevais	j' avais	reçu
tu	re cevais	tu avais	reçu
il	re cevait	il avait	reçu
nous	re cevions	n. avions	reçu
vous	re ceviez	v. aviez	reçu
ils	re cevaient	ils avaient	reçu

Passé simple		Passé antérieur	
je	re çus	j' eus	reçu
tu	re çus	tu eus	reçu
il	re çut	il eut	reçu
nous	re çûmes	n. eûmes	reçu
vous	re çûtes	v. eûtes	reçu
ils	re çurent	ils eurent	reçu

Futur simple		Futur antérieur	
je	re cevrai	j' aurai	reçu
tu	re cevras	tu auras	reçu
il	re cevra	il aura	reçu
nous	re cevrons	n. aurons	reçu
vous	re cevrez	v. aurez	reçu
ils	re cevront	ils auront	reçu

SUBJONCTIF

Présent		Passé	
que je	re çoive	que j'	aie reçu
que tu	re çoives	que tu	aies reçu
qu'il	re çoive	qu'il	ait reçu
que n.	re cevions	que n.	ayons reçu
que v.	re ceviez	que v.	ayez reçu
qu'ils	re çoivent	qu'ils	aient reçu

Imparfait		Plus-que-parfait	
que je	re çusse	que j'	eusse reçu
que tu	re çusses	que tu	eusses reçu
qu'il	re çût	qu'il	eût reçu
que n.	re çussions	que n.	eussions reçu
que v.	re çussiez	que v.	eussiez reçu
qu'ils	re çussent	qu'ils	eussent reçu

IMPÉRATIF

Présent	Passé	
re çois	aie	reçu
re cevons	ayons	reçu
re cevez	ayez	reçu

CONDITIONNEL

Présent		Passé 1re forme	
je	re cevrais	j'	aurais reçu
tu	re cevrais	tu	aurais reçu
il	re cevrait	il	aurait reçu
n.	re cevrions	n.	aurions reçu
v.	re cevriez	v.	auriez reçu
ils	re cevraient	ils	auraient reçu

Passé 2e forme		
j'	eusse	reçu
tu	eusses	reçu
il	eût	reçu
n.	eussions	reçu
v.	eussiez	reçu
ils	eussent	reçu

INFINITIF

Présent	Passé
re cevoir	avoir reçu

PARTICIPE

Présent	Passé
re cevant	re çu, ue
	ayant reçu

La cédille est placée sous le **c** chaque fois qu'il précède un **o** ou un **u**.
Ainsi se conjuguent **apercevoir, concevoir, décevoir, percevoir.**

39 VERBE **VOIR**

INDICATIF

Présent		Passé composé	
je	vois	j'	ai vu
tu	vois	tu	as vu
il	voit	il	a vu
nous	voyons	n.	avons vu
vous	voyez	v.	avez vu
ils	voient	ils	ont vu

Imparfait		Plus-que-parfait	
je	voyais	j'	avais vu
tu	voyais	tu	avais vu
il	voyait	il	avait vu
nous	voyions	n.	avions vu
vous	voyiez	v.	aviez vu
ils	voyaient	ils	avaient vu

Passé simple		Passé antérieur	
je	vis	j'	eus vu
tu	vis	tu	eus vu
il	vit	il	eut vu
nous	vîmes	n.	eûmes vu
vous	vîtes	v.	eûtes vu
ils	virent	ils	eurent vu

Futur simple		Futur antérieur	
je	verrai	j'	aurai vu
tu	verras	tu	auras vu
il	verra	il	aura vu
nous	verrons	n.	aurons vu
vous	verrez	v.	aurez vu
ils	verront	ils	auront vu

SUBJONCTIF

Présent	Passé	
que je voie	que j'	aie vu
que tu voies	que tu	aies vu
qu'il voie	qu'il	ait vu
que n. voyions	que n.	ayons vu
que v. voyiez	que v.	ayez vu
qu'ils voient	qu'ils	aient vu

Imparfait	Plus-que-parfait	
que je visse	que j'	eusse vu
que tu visses	que tu	eusses vu
qu'il vît	qu'il	eût vu
que n. vissions	que n.	eussions vu
que v. vissiez	que v.	eussiez vu
qu'ils vissent	qu'ils	eussent vu

IMPÉRATIF

Présent	Passé	
vois	aie	vu
voyons	ayons	vu
voyez	ayez	vu

CONDITIONNEL

Présent		Passé 1ʳᵉ forme	
je	verrais	j'	aurais vu
tu	verrais	tu	aurais vu
il	verrait	il	aurait vu
n.	verrions	n.	aurions vu
v.	verriez	v.	auriez vu
ils	verraient	ils	auraient vu

Passé 2ᵉ forme	
j'	eusse vu
tu	eusses vu
il	eût vu
n.	eussions vu
v.	eussiez vu
ils	eussent vu

INFINITIF

Présent	Passé
voir	avoir vu

PARTICIPE

Présent	Passé
voyant	vu, ue
	ayant vu

Ainsi se conjuguent **entrevoir, revoir, prévoir.** Ce dernier fait au futur et au conditionnel : *je prévoirai... je prévoirais.,.* Quant à **pourvoir,** cf. page suivante.

INDICATIF

Présent		Passé composé	
je	pourvois	j' ai	pourvu
tu	pourvois	tu as	pourvu
il	pourvoit	il a	pourvu
nous	pourvoyons	n. avons	pourvu
vous	pourvoyez	v. avez	pourvu
ils	pourvoient	ils ont	pourvu

Imparfait		Plus-que-parfait	
je	pourvoyais	j' avais	pourvu
tu	pourvoyais	tu avais	pourvu
il	pourvoyait	il avait	pourvu
nous	pourvoyions	n. avions	pourvu
vous	pourvoyiez	v. aviez	pourvu
ils	pourvoyaient	ils avaient	pourvu

Passé simple		Passé antérieur	
je	pourvus	j' eus	pourvu
tu	pourvus	tu eus	pourvu
il	pourvut	il eut	pourvu
nous	pourvûmes	n. eûmes	pourvu
vous	pourvûtes	v. eûtes	pourvu
ils	pourvurent	ils eurent	pourvu

Futur simple		Futur antérieur	
je	pourvoirai	j' aurai	pourvu
tu	pourvoiras	tu auras	pourvu
il	pourvoira	il aura	pourvu
nous	pourvoirons	n. aurons	pourvu
vous	pourvoirez	v. aurez	pourvu
ils	pourvoiront	ils auront	pourvu

SUBJONCTIF

Présent	Passé	
que je pourvoie	que j' aie	pourvu
que tu pourvoies	que tu aies	pourvu
qu'il pourvoie	qu'il ait	pourvu
que n. pourvoyions	que n. ayons	pourvu
que v. pourvoyiez	que v. ayez	pourvu
qu'ils pourvoient	qu'ils aient	pourvu

Imparfait	Plus-que-parfait	
que je pourvusse	que j' eusse	pourvu
que tu pourvusses	que tu eusses	pourvu
qu'il pourvût	qu'il eût	pourvu
que n. pourvussions	que n. eussions	pourvu
que v. pourvussiez	que v. eussiez	pourvu
qu'ils pourvussent	qu'ils eussent	pourvu

IMPÉRATIF

Présent	Passé	
pourvois	aie	pourvu
pourvoyons	ayons	pourvu
pourvoyez	ayez	pourvu

CONDITIONNEL

Présent	Passé 1ʳᵉ forme	
je pourvoirais	j' aurais	pourvu
tu pourvoirais	tu aurais	pourvu
il pourvoirait	il aurait	pourvu
n. pourvoirions	n. aurions	pourvu
v. pourvoiriez	v. auriez	pourvu
ils pourvoiraient	ils auraient	pourvu

Passé 2ᵉ forme	
j' eusse	pourvu
tu eusses	pourvu
il eût	pourvu
n. eussions	pourvu
v. eussiez	pourvu
ils eussent	pourvu

INFINITIF

Présent	Passé
pourvoir	avoir pourvu

PARTICIPE

Présent	Passé
pourvoyant	pourvu, ue
	ayant pourvu

41 VERBE **SAVOIR**

INDICATIF

Présent		Passé composé	
je	sais	j'	ai su
tu	sais	tu	as su
il	sait	il	a su
nous	savons	n.	avons su
vous	savez	v.	avez su
ils	savent	ils	ont su

Imparfait		Plus-que-parfait	
je	savais	j'	avais su
tu	savais	tu	avais su
il	savait	il	avait su
nous	savions	n.	avions su
vous	saviez	v.	aviez su
ils	savaient	ils	avaient su

Passé simple		Passé antérieur	
je	sus	j'	eus su
tu	sus	tu	eus su
il	sut	il	eut su
nous	sûmes	n.	eûmes su
vous	sûtes	v.	eûtes su
ils	surent	ils	eurent su

Futur simple		Futur antérieur	
je	saurai	j'	aurai su
tu	sauras	tu	auras su
il	saura	il	aura su
nous	saurons	n.	aurons su
vous	saurez	v.	aurez su
ils	sauront	ils	auront su

SUBJONCTIF

Présent		Passé	
que je	sache	que j'	aie su
que tu	saches	que tu	aies su
qu'il	sache	qu'il	ait su
que n.	sachions	que n.	ayons su
que v.	sachiez	que v.	ayez su
qu'ils	sachent	qu'ils	aient su

Imparfait		Plus-que-parfait	
que je	susse	que j'	eusse su
que tu	susses	que tu	eusses su
qu'il	sût	qu'il	eût su
que n.	sussions	que n.	eussions su
que v.	sussiez	que v.	eussiez su
qu'ils	sussent	qu'ils	eussent su

IMPÉRATIF

Présent	Passé	
sache	aie	su
sachons	ayons	su
sachez	ayez	su

CONDITIONNEL

Présent		Passé 1ʳᵉ forme	
je	saurais	j'	aurais su
tu	saurais	tu	aurais su
il	saurait	il	aurait su
n.	saurions	n.	aurions su
v.	sauriez	v.	auriez su
ils	sauraient	ils	auraient su

Passé 2ᵉ forme		
j'	eusse	su
tu	eusses	su
il	eût	su
n.	eussions	su
v.	eussiez	su
ils	eussent	su

INFINITIF

Présent	Passé
savoir	avoir su

PARTICIPE

Présent	Passé
sachant	su, ue
	ayant su

A noter l'emploi curieux du subjonctif dans les expressions : **je ne sache pas** *qu'il soit venu ; il n'est pas venu,* **que je sache.**

INDICATIF

Présent		Passé composé	
je	dois	j'	ai dû
tu	dois	tu	as dû
il	doit	il	a dû
nous	devons	n.	avons dû
vous	devez	v.	avez dû
ils	doivent	ils	ont dû

Imparfait		Plus-que-parfait	
je	devais	j'	avais dû
tu	devais	tu	avais dû
il	devait	il	avait dû
nous	devions	n.	avions dû
vous	deviez	v.	aviez dû
ils	devaient	ils	avaient dû

Passé simple		Passé antérieur	
je	dus	j'	eus dû
tu	dus	tu	eus dû
il	dut	il	eut dû
nous	dûmes	n.	eûmes dû
vous	dûtes	v.	eûtes dû
ils	durent	ils	eurent dû

Futur simple		Futur antérieur	
je	devrai	j'	aurai dû
tu	devras	tu	auras dû
il	devra	il	aura dû
nous	devrons	n.	aurons dû
vous	devrez	v.	aurez dû
ils	devront	ils	auront dû

SUBJONCTIF

Présent		Passé	
que je	doive	que j'	aie dû
que tu	doives	que tu	aies dû
qu'il	doive	qu'il	ait dû
que n.	devions	que n.	ayons dû
que v.	deviez	que v.	ayez dû
qu'ils	doivent	qu'ils	aient dû

Imparfait		Plus-que-parfait	
que je	dusse	que j'	eusse dû
que tu	dusses	que tu	eusses dû
qu'il	dût	qu'il	eût dû
que n.	dussions	que n.	eussions dû
que v.	dussiez	que v.	eussiez dû
qu'ils	dussent	qu'ils	eussent dû

IMPÉRATIF

Présent	Passé	
dois	aie	dû
devons	ayons	dû
devez	ayez	dû

CONDITIONNEL

Présent		Passé 1re forme	
je	devrais	j'	aurais dû
tu	devrais	tu	aurais dû
il	devrait	il	aurait dû
n.	devrions	n.	aurions dû
v.	devriez	v.	auriez dû
ils	devraient	ils	auraient dû

Passé 2e forme	
j'	eusse dû
tu	eusses dû
il	eût dû
n.	eussions dû
v.	eussiez dû
ils	eussent dû

INFINITIF

Présent	Passé
devoir	avoir dû

PARTICIPE

Présent	Passé
devant	dû, ue
	ayant dû

Ainsi se conjuguent **devoir** et **redevoir** qui prennent un accent circonflexe au participe passé *masculin singulier* seulement : *dû, redû*. Mais on écrit sans accent : *due, dus, dues ; redue, redus, redues*. L'impératif est peu usité.

43 VERBE **POUVOIR**

INDICATIF

Présent		Passé composé		
je	peux	j'	ai	pu
ou je	puis	tu	as	pu
tu	peux	il	a	pu
il	peut	n.	avons	pu
nous	pouvons	v.	avez	pu
vous	pouvez	ils	ont	pu
ils	peuvent			

Imparfait		Plus-que-parfait		
je	pouvais	j'	avais	pu
tu	pouvais	tu	avais	pu
il	pouvait	il	avait	pu
nous	pouvions	n.	avions	pu
vous	pouviez	v.	aviez	pu
ils	pouvaient	ils	avaient	pu

Passé simple		Passé antérieur		
je	pus	j'	eus	pu
tu	pus	tu	eus	pu
il	put	il	eut	pu
nous	pûmes	n.	eûmes	pu
vous	pûtes	v.	eûtes	pu
ils	purent	ils	eurent	pu

Futur simple		Futur antérieur		
je	pourrai	j'	aurai	pu
tu	pourras	tu	auras	pu
il	pourra	il	aura	pu
nous	pourrons	n.	aurons	pu
vous	pourrez	v.	aurez	pu
ils	pourront	ils	auront	pu

SUBJONCTIF

Présent		Passé		
que je	puisse	que j'	aie	pu
que tu	puisses	que tu	aies	pu
qu'il	puisse	qu'il	ait	pu
que n.	puissions	que n.	ayons	pu
que v.	puissiez	que v.	ayez	pu
qu'ils	puissent	qu'ils	aient	pu

Imparfait		Plus-que-parfait		
que je	pusse	que j'	eusse	pu
que tu	pusses	que tu	eusses	pu
qu'il	pût	qu'il	eût	pu
que n.	pussions	que n.	eussions	pu
que v.	pussiez	que v.	eussiez	pu
qu'ils	pussent	qu'ils	eussent	pu

IMPÉRATIF

pas d'impératif

CONDITIONNEL

Présent		Passé 1ʳᵉ forme		
je	pourrais	j'	aurais	pu
tu	pourrais	tu	aurais	pu
il	pourrait	il	aurait	pu
n.	pourrions	n.	aurions	pu
v.	pourriez	v.	auriez	pu
ils	pourraient	ils	auraient	pu

Passé 2ᵉ forme		
j'	eusse	pu
tu	eusses	pu
il	eût	pu
n.	eussions	pu
v.	eussiez	pu
ils	eussent	pu

INFINITIF

Présent	Passé
pouvoir	avoir pu

PARTICIPE

Présent	Passé
pouvant	pu
	ayant pu

Remarques. Le verbe **pouvoir** prend deux **r** au futur et au présent du conditionnel, mais, à la différence de **mourir** et **courir,** on n'en prononce qu'un.

Je puis semble d'un emploi plus distingué que *je peux.* On ne dit pas : *peux-je?* mais *puis-je? Il se peut que* se dit pour *il peut se faire que* au sens de *il peut arriver que, il est possible que.* Il se construit alors normalement avec le subjonctif.

INDICATIF

Présent

je	meus
tu	meus
il	meut
nous	mouvons
vous	mouvez
ils	meuvent

Passé composé

j'	ai	mû
tu	as	mû
il	a	mû
n.	avons	mû
v.	avez	mû
ils	ont	mû

Imparfait

je	mouvais
tu	mouvais
il	mouvait
nous	mouvions
vous	mouviez
ils	mouvaient

Plus-que-parfait

j'	avais	mû
tu	avais	mû
il	avait	mû
n.	avions	mû
v.	aviez	mû
ils	avaient	mû

Passé simple

je	mus
tu	mus
il	mut
nous	mûmes
vous	mûtes
ils	murent

Passé antérieur

j'	eus	mû
tu	eus	mû
il	eut	mû
n.	eûmes	mû
v.	eûtes	mû
ils	eurent	mû

Futur simple

je	mouvrai
tu	mouvras
il	mouvra
nous	mouvrons
vous	mouvrez
ils	mouvront

Futur antérieur

j'	aurai	mû
tu	auras	mû
il	aura	mû
n.	aurons	mû
v.	aurez	mû
ils	auront	mû

SUBJONCTIF

Présent

que je	meuve
que tu	meuves
qu'il	meuve
que n.	mouvions
que v.	mouviez
qu'ils	meuvent

Passé

que j'	aie	mû
que tu	aies	mû
qu'il	ait	mû
que n.	ayons	mû
que v.	ayez	mû
qu'ils	aient	mû

Imparfait

que je	musse
que tu	musses
qu'il	mût
que n.	mussions
que v.	mussiez
qu'ils	mussent

Plus-que-parfait

que j'	eusse	mû
que tu	eusses	mû
qu'il	eût	mû
que n.	eussions	mû
que v.	eussiez	mû
qu'ils	eussent	mû

IMPÉRATIF

Présent

meus
mouvons
mouvez

Passé

aie	mû
ayons	mû
ayez	mû

CONDITIONNEL

Présent

je	mouvrais
tu	mouvrais
il	mouvrait
n.	mouvrions
v.	mouvriez
ils	mouvraient

Passé 1re forme

j'	aurais	mû
tu	aurais	mû
il	aurait	mû
n.	aurions	mû
v.	auriez	mû
ils	auraient	mû

Passé 2e forme

j'	eusse	mû
tu	eusses	mû
il	eût	mû
n.	eussions	mû
v.	eussiez	mû
ils	eussent	mû

INFINITIF

Présent	Passé
mouvoir	avoir mû

PARTICIPE

Présent	Passé
mouvant	mû, ue
	ayant mû

Ainsi se conjuguent les composés **émouvoir** et **promouvoir** qui, à la différence de **mouvoir,** ne prennent pas d'accent circonflexe au participe passé : *ému; promu.*

INDICATIF		SUBJONCTIF	
Présent	*Passé composé*	*Présent*	*Passé*
il pleut	il a plu	qu'il pleuve	qu'il ait plu
Imparfait	*Plus-que-parfait*	*Imparfait*	*Plus-que-parfait*
il pleuvait	il avait plu	qu'il plût	qu'il eût plu
Passé simple	*Passé antérieur*	IMPÉRATIF	
il plut	il eut plu	*pas d'impératif*	
Futur simple	*Futur antérieur*	CONDITIONNEL	
il pleuvra	il aura plu	*Présent*	*Passé 1re forme*
		il pleuvrait	il aurait plu

INFINITIF		PARTICIPE		*Passé 2e forme*
Présent	*Passé*	*Présent*	*Passé*	il eût plu
pleuvoir	avoir plu	pleuvant	plu ayant plu	

Nota. Quoique impersonnel, ce verbe s'emploie au pluriel, mais dans le sens figuré : **Les coups de fusil** *pleuvent*, **les sarcasmes** *pleuvent* **sur lui, les honneurs** *pleuvaient* **sur sa personne.**

INDICATIF

Présent	Passé composé
il faut	il a fallu

Imparfait	Plus-que-parfait
il fallait	il avait fallu

Passé simple	Passé antérieur
il fallut	il eut fallu

Futur simple	Futur antérieur
il faudra	il aura fallu

SUBJONCTIF

Présent	Passé
qu'il faille	qu'il ait fallu

Imparfait	Plus-que-parfait
qu'il fallût	qu'il eût fallu

IMPÉRATIF

pas d'impératif

CONDITIONNEL

Présent	Passé 1re forme
il faudrait	il aurait fallu

Passé 2e forme
il eût fallu

INFINITIF

Présent
falloir

PARTICIPE

Passé
fallu

Dans les expressions : *il s'en faut de beaucoup, tant s'en faut, peu s'en faut,* la forme **faut** vient, non de **falloir,** mais de **faillir,** au sens de *manquer, faire défaut.*

INDICATIF

Présent		Passé composé	
je	vaux	j' ai	valu
tu	vaux	tu as	valu
il	vaut	il a	valu
nous	valons	n. avons	valu
vous	valez	v. avez	valu
ils	valent	ils ont	valu

Imparfait		Plus-que-parfait	
je	valais	j' avais	valu
tu	valais	tu avais	valu
il	valait	il avait	valu
nous	valions	n. avions	valu
vous	valiez	v. aviez	valu
ils	valaient	ils avaient	valu

Passé simple		Passé antérieur	
je	valus	j' eus	valu
tu	valus	tu eus	valu
il	valut	il eut	valu
nous	valûmes	n. eûmes	valu
vous	valûtes	v. eûtes	valu
ils	valurent	ils eurent	valu

Futur simple		Futur antérieur	
je	vaudrai	j' aurai	valu
tu	vaudras	tu auras	valu
il	vaudra	il aura	valu
nous	vaudrons	n. aurons	valu
vous	vaudrez	v. aurez	valu
ils	vaudront	ils auront	valu

SUBJONCTIF

Présent	Passé	
que je vaille	que j' aie	valu
que tu vailles	que tu aies	valu
qu'il vaille	qu'il ait	valu
que n. valions	que n. ayons	valu
que v. valiez	que v. ayez	valu
qu'ils vaillent	qu'ils aient	valu

Imparfait	Plus-que-parfait	
que je valusse	que j' eusse	valu
que tu valusses	que tu eusses	valu
qu'il valût	qu'il eût	valu
que n. valussions	que n. eussions	valu
que v. valussiez	que v. eussiez	valu
qu'ils valussent	qu'ils eussent	valu

IMPÉRATIF

Présent	Passé	
vaux	aie	valu
valons	ayons	valu
valez	ayez	valu

CONDITIONNEL

Présent		Passé 1re forme	
je	vaudrais	j'	aurais valu
tu	vaudrais	tu	aurais valu
il	vaudrait	il	aurait valu
n.	vaudrions	n.	aurions valu
v.	vaudriez	v.	auriez valu
ils	vaudraient	ils	auraient valu

Passé 2e forme	
j'	eusse valu
tu	eusses valu
il	eût valu
n.	eussions valu
v.	eussiez valu
ils	eussent valu

INFINITIF

Présent	Passé
valoir	avoir valu

PARTICIPE

Présent	Passé
valant	valu, ue
	ayant valu

Ainsi se conjuguent **équivaloir, prévaloir, revaloir,** mais au subjonctif présent **prévaloir** fait : *que je prévale... que nous prévalions...* Les participes passés *prévalu* et *équivalu* sont invariables.

INDICATIF

Présent		Passé composé	
je	veux	j' ai	voulu
tu	veux	tu as	voulu
il	veut	il a	voulu
nous	voulons	n. avons	voulu
vous	voulez	v. avez	voulu
ils	veulent	ils ont	voulu

Imparfait		Plus-que-parfait	
je	voulais	j' avais	voulu
tu	voulais	tu avais	voulu
il	voulait	il avait	voulu
nous	voulions	n. avions	voulu
vous	vouliez	v. aviez	voulu
ils	voulaient	ils avaient	voulu

Passé simple		Passé antérieur	
je	voulus	j' eus	voulu
tu	voulus	tu eus	voulu
il	voulut	il eut	voulu
nous	voulûmes	n. eûmes	voulu
vous	voulûtes	v. eûtes	voulu
ils	voulurent	ils eurent	voulu

Futur simple		Futur antérieur	
je	voudrai	j' aurai	voulu
tu	voudras	tu auras	voulu
il	voudra	il aura	voulu
nous	voudrons	n. aurons	voulu
vous	voudrez	v. aurez	voulu
ils	voudront	ils auront	voulu

SUBJONCTIF

Présent	Passé	
que je veuille	que j' aie	voulu
que tu veuilles	que tu aies	voulu
qu'il veuille	qu'il ait	voulu
que n. voulions	que n. ayons	voulu
que v. vouliez	que v. ayez	voulu
qu'ils veuillent	qu'ils aient	voulu

Imparfait	Plus-que-parfait	
que je voulusse	que j' eusse	voulu
que tu voulusses	que tu eusses	voulu
qu'il voulût	qu'il eût	voulu
que n. voulussions	que n. eussions	voulu
que v. voulussiez	que v. eussiez	voulu
qu'ils voulussent	qu'ils eussent	voulu

IMPÉRATIF

Présent	Passé	
veux (veuille)	aie	voulu
voulons	ayons	voulu
voulez (veuillez)	ayez	voulu

CONDITIONNEL

Présent	Passé 1re forme	
je	voudrais	j' aurais voulu
tu	voudrais	tu aurais voulu
il	voudrait	il aurait voulu
n.	voudrions	n. aurions voulu
v.	voudriez	v. auriez voulu
ils	voudraient	ils auraient voulu

Passé 2e forme	
j'	eusse voulu
tu	eusses voulu
il	eût voulu
n.	eussions voulu
v.	eussiez voulu
ils	eussent voulu

INFINITIF

Présent	Passé
vouloir	avoir voulu

PARTICIPE

Présent	Passé
voulant	voulu, ue
	ayant voulu

L'impératif *veux, voulons, voulez,* n'est d'usage que dans certaines occasions très rares où l'on engage à s'armer d'une ferme volonté : *Veux donc, malheureux, et tu seras sauvé.* Mais pour inviter poliment, on dit *veuille, veuillez,* au sens de : *aie, ayez la bonté de : Veuillez agréer mes respectueuses salutations.* Au subjonctif présent les formes primitives : *que nous voulions, que vous vouliez,* reprennent le pas sur : *que nous veuillions, que vous veuilliez* senties comme anciennes et recherchées.

Avec le pronom adverbial **en** qui donne à ce verbe le sens de : *avoir du ressentiment,* on trouve couramment : *ne m'en veux pas, ne m'en voulez pas,* alors que la langue littéraire préfère *ne m'en veuille pas, ne m'en veuillez pas.*

INDICATIF

Présent		Futur simple	
j'	assieds	j'	assiérai
tu	assieds	tu	assiéras
il	assied	il	assiéra
nous	asseyons	n.	assiérons
vous	asseyez	v.	assiérez
ils	asseyent	ils	assiéront

ou | | *ou* | |

j'	*ass ois*	*j'*	*ass oirai*
tu	*ass ois*	*tu*	*ass oiras*
il	*ass oit*	*il*	*ass oira*
nous	*ass oyons*	*n.*	*ass oirons*
vous	*ass oyez*	*v.*	*ass oirez*
ils	*ass oient*	*ils*	*ass oiront*

Imparfait		Passé composé		
j'	asseyais	j'	ai	assis
tu	asseyais	tu as		assis
il	asseyait	il a		assis
nous	asseyions	n.	avons	assis
vous	asseyiez	v.	avez	assis
ils	asseyaient	ils ont		assis

ou | | Plus-que-parfait | | |

j'	*ass oyais*	j'	avais	assis
tu	*ass oyais*	tu	avais	assis
il	*ass oyait*	il	avait	assis
nous	*ass oyions*	n.	avions	assis
vous	*ass oyiez*	v.	aviez	assis
ils	*ass oyaient*	ils	avaient	assis

Passé simple		Passé antérieur		
j'	*ass is*	j'	eus	assis
tu	*ass is*	tu	eus	assis
il	*ass it*	il	eut	assis
nous	*ass îmes*	n.	eûmes	assis
vous	*ass îtes*	v.	eûtes	assis
ils	*ass irent*	ils	eurent	assis

Futur antérieur		
j'	aurai	assis
tu	auras	assis
il	aura	assis
n.	aurons	assis
v.	aurez	assis
ils	auront	assis

SUBJONCTIF

Présent		Passé		
que j'	asseye	que j'	aie	assis
que tu	asseyes	que tu	aies	assis
qu'il	asseye	qu'il	ait	assis
que n.	asseyions	que n.	ayons	assis
que v.	asseyiez	que v.	ayez	assis
qu'ils	asseyent	qu'ils	aient	assis

ou | |

que j'	*ass oie*
que tu	*ass oies*
qu'il	*ass oie*
que n.	*ass oyions*
que v.	*ass oyiez*
qu'ils	*ass oient*

Imparfait		Plus-que-parfait		
que j'	*ass isse*	que j'	eusse	assis
que tu	*ass isses*	que tu	eusses	assis
qu'il	*assît*	qu'il	eût	assis
que n.	*ass issions*	que n.	eussions	assis
que v.	*ass issiez*	que v.	eussiez	assis
qu'ils	*ass issent*	qu'ils	eussent	assis

IMPÉRATIF

Présent	*ou*	Passé	
assieds	*ass ois*	aie	assis
asseyons	*ass oyons*	ayons	assis
asseyez	*ass oyez*	ayez	assis

CONDITIONNEL

Présent		Passé 1re forme		
j'	assiérais	j'	aurais	assis
tu	assiérais	tu	aurais	assis
il	assiérait	il	aurait	assis
n.	assiérions	n.	aurions	assis
v.	assiériez	v.	auriez	assis
ils	assiéraient	ils	auraient	assis

ou | | Passé 2e forme | | |

j'	*ass oirais*	j'	eusse	assis
tu	*ass oirais*	tu	eusses	assis
il	*ass oirait*	il	eût	assis
n.	*ass oirions*	n.	eussions	assis
v.	*ass oiriez*	v.	eussiez	assis
ils	*ass oiraient*	ils	eussent	assis

INFINITIF		PARTICIPE	
Présent	*Passé*	*Présent*	*Passé*
ass eoir	avoir assis	ass eyant ou ass oyant	assis, ise ayant assis

Ce verbe se conjugue surtout à la forme pronominale : **s'asseoir ;** l'infinitif *asseoir* s'orthographie avec un **e** étymologique, à la différence de l'indicatif présent : *j'assois* et futur : *j'assoirai.* Les formes en **ie** et en **ey** sont préférables aux formes en **oi** moins distinguées. Le futur et le conditionnel : *j'asseyerai..., j'asseyerais...,* sont actuellement sortis de l'usage.

VERBE **SEOIR** : CONVENIR

INDICATIF			SUBJONCTIF
Présent	*Imparfait*	*Futur*	*Présent*
il sied	il seyait	il siéra	qu'il siée
ils siéent	ils seyaient	ils siéront	qu'ils siéent

CONDITIONNEL	INFINITIF	PARTICIPE
Présent	*Présent*	*Présent*
il siérait	seoir	séant (seyant)
ils siéraient		

Remarque : Ce verbe n'a pas de temps composés.

Le verbe **SEOIR** dans le sens d'**être assis, prendre séance,** n'existe qu'aux formes suivantes :
PARTICIPE présent : *séant* (employé parfois comme nom : cf. *« sur son séant »*).
PARTICIPE passé : *sis, sise* qui ne s'emploie plus guère qu'adjectivement en style de barreau au lieu de *situé, située : Hôtel sis à Paris.*

VERBE **MESSEOIR** : N'ÊTRE PAS CONVENABLE

INDICATIF			SUBJONCTIF
Présent	*Imparfait*	*Futur*	*Présent*
il messied	il messeyait	il messiéra	qu'il messiée
ils messiéent	ils messeyaient	ils messiéront	qu'ils messiéent

CONDITIONNEL	INFINITIF	PARTICIPE
Présent	*Présent*	*Présent*
il messiérait	messeoir	messéant
ils messiéraient		

Remarque : Ce verbe n'a pas de temps composés.

INDICATIF

Présent		Passé composé		
je	sursois	j'	ai	sursis
tu	sursois	tu as		sursis
il	sursoit	il	a	sursis
nous	sursoyons	n.	avons	sursis
vous	sursoyez	v.	avez	sursis
ils	sursoient	ils ont		sursis

Imparfait		Plus-que-parfait		
je	sursoyais	j'	avais	sursis
tu	sursoyais	tu avais		sursis
il	sursoyait	il	avait	sursis
nous	sursoyions	n.	avions	sursis
vous	sursoyiez	v.	aviez	sursis
ils	sursoyaient	ils avaient		sursis

Passé simple		Passé antérieur		
je	sursis	j'	eus	sursis
tu	sursis	tu eus		sursis
il	sursit	il	eut	sursis
nous	sursîmes	n.	eûmes	sursis
vous	sursîtes	v.	eûtes	sursis
ils	sursirent	ils eurent		sursis

Futur simple		Futur antérieur		
je	surseoirai	j'	aurai	sursis
tu	surseoiras	tu auras		sursis
il	surseoira	il	aura	sursis
nous	surseoirons	n.	aurons	sursis
vous	surseoirez	v.	aurez	sursis
ils	surseoiront	ils auront		sursis

SUBJONCTIF

Présent		Passé		
que je sursoie		que j'	aie	sursis
que tu sursoies		que tu aies		sursis
qu'il	sursoie	qu'il	ait	sursis
que n. sursoyions		que n. ayons		sursis
que v. sursoyiez		que v. ayez		sursis
qu'ils	sursoient	qu'ils aient		sursis

Imparfait		Plus-que-parfait		
que je sursisse		que j'	eusse	sursis
que tu sursisses		que tu eusses		sursis
qu'il	sursît	qu'il	eût	sursis
que n. sursissions		que n. eussions	sursis
que v. sursissiez		que v. eussiez	sursis
qu'ils	sursissent	qu'ils eussent	sursis

IMPÉRATIF

Présent	Passé	
sursois	aie	sursis
sursoyons	ayons	sursis
sursoyez	ayez	sursis

CONDITIONNEL

Présent		Passé 1ʳᵉ forme		
je	surseoirais	j'	aurais	sursis
tu	surseoirais	tu	aurais	sursis
il	surseoirait	il	aurait	sursis
n.	surseoirions	n.	aurions	sursis
v.	surseoiriez	v.	auriez	sursis
ils	surseoiraient	ils	auraient	sursis

Passé 2ᵉ forme		
j'	eusse	sursis
tu	eusses	sursis
il	eût	sursis
n.	eussions	sursis
v.	eussiez	sursis
ils	eussent	sursis

INFINITIF

Présent	Passé
surseoir	avoir sursis

PARTICIPE

Présent	Passé
surseoyant	sursis, ise
	ayant sursis

Surseoir a généralisé les formes en **oi** du verbe **asseoir,** avec cette particularité que l'**e** de l'infinitif se retrouve au futur et au conditionnel : *je surseoirai, je surseoirais.*

INDICATIF			SUBJONCTIF
Présent	*Passé simple*	*Futur simple*	*Imparfait*
je chois	je chus	je choirai, etc.	qu'il chût
tu chois	il chut	*je cherrai*	
il choit			
ils choient			

CONDITIONNEL	INFINITIF	PARTICIPE
Présent	*Présent*	*Passé*
je choirais, etc.	choir	chu, chue
je cherrais		

VERBE **ÉCHOIR** (temps simples)

INDICATIF			SUBJONCTIF
Présent	*Passé simple*	*Futur simple*	*Présent :* qu'il échoie
il échoit	il échut	il échoira	*Imparfait :* qu'il échût
il échet	ils échurent	*il écherra*	
ils échoient		ils échoiront	
ils échéent		*ils écherront*	

CONDITIONNEL	INFINITIF	PARTICIPE
Présent	*Présent*	*Présent :* échéant
il échoirait	échoir	*Passé :* échu, échue
il écherrait		
ils échoiraient		
ils écherraient		

VERBE **DÉCHOIR** (temps simples)

INDICATIF			SUBJONCTIF
Présent	*Passé simple*	*Futur simple*	*Présent*
je déchois	je déchus	je déchoirai, etc.	que je déchoie
tu déchois		*je décherrai*	que n. déchoyons
il déchoit			
il déchet			*Imparfait*
nous déchoyons			
vous déchoyez			que je déchusse
ils déchoient			

CONDITIONNEL	INFINITIF	PARTICIPE
Présent	*Présent*	*Passé*
je déchoirais etc.	déchoir	déchu, déchue
je décherrais		

Les formes en italique sont tout à fait désuètes.
Aux temps composés, **choir** et **échoir** prennent l'auxiliaire **être :** *il est chu, il est échu.* **Déchoir** utilise tantôt **être,** tantôt **avoir** selon que l'on veut insister sur l'action ou sur son résultat : *Il* **a** *déchu rapidement ; il* **est** *définitivement déchu.*

53 VERBES EN -DRE : RENDRE
VERBES EN -ANDRE, -ENDRE, -ONDRE, -ERDRE, -ORDRE[1]

INDICATIF

Présent		Passé composé	
je	ren ds	j' ai	rendu
tu	ren ds	tu as	rendu
il	ren d	il a	rendu
nous	ren dons	n. avons	rendu
vous	ren dez	v. avez	rendu
ils	ren dent	ils ont	rendu

Imparfait		Plus-que-parfait	
je	ren dais	j' avais	rendu
tu	ren dais	tu avais	rendu
il	ren dait	il avait	rendu
nous	ren dions	n. avions	rendu
vous	ren diez	v. aviez	rendu
ils	ren daient	ils avaient	rendu

Passé simple		Passé antérieur	
je	ren dis	j' eus	rendu
tu	ren dis	tu eus	rendu
il	ren dit	il eut	rendu
nous	ren dîmes	n. eûmes	rendu
vous	ren dîtes	v. eûtes	rendu
ils	ren dirent	ils eurent	rendu

Futur simple		Futur antérieur	
je	ren drai	j' aurai	rendu
tu	ren dras	tu auras	rendu
il	ren dra	il aura	rendu
nous	ren drons	n. aurons	rendu
vous	ren drez	v. aurez	rendu
ils	ren dront	ils auront	rendu

SUBJONCTIF

Présent		Passé	
que je	ren de	que j' aie	rendu
que tu	ren des	que tu aies	rendu
qu'il	ren de	qu'il ait	rendu
que n.	ren dions	que n. ayons	rendu
que v.	ren diez	que v. ayez	rendu
qu'ils	ren dent	qu'ils aient	rendu

Imparfait		Plus-que-parfait	
que je	ren disse	que j' eusse	rendu
que tu	ren disses	que tu eusses	rendu
qu'il	ren dît	qu'il eût	rendu
que n.	ren dissions	que n. eussions	rendu
que v.	ren dissiez	que v. eussiez	rendu
qu'ils	ren dissent	qu'ils eussent	rendu

IMPÉRATIF

Présent	Passé
ren ds	aie rendu
ren dons	ayons rendu
ren dez	ayez rendu

CONDITIONNEL

Présent		Passé 1re forme	
je	ren drais	j' aurais	rendu
tu	ren drais	tu aurais	rendu
il	ren drait	il aurait	rendu
n.	ren drions	n. aurions	rendu
v.	ren driez	v. auriez	rendu
ils	ren draient	ils auraient	rendu

Passé 2e forme	
j' eusse	rendu
tu eusses	rendu
il eût	rendu
n. eussions	rendu
v. eussiez	rendu
ils eussent	rendu

INFINITIF

Présent	Passé
ren dre	avoir rendu

PARTICIPE

Présent	Passé
ren dant	ren du, ue
	ayant rendu

1. Voir page 102 la liste des nombreux verbes en **-dre** qui se conjuguent comme **rendre** (sauf **prendre** et ses composés : voir tableau 54). Ainsi se conjuguent en outre les verbes **rompre**, **corrompre** et **interrompre** dont la seule particularité est de prendre un **t** à la suite du **p** à la 3e personne du singulier de l'indicatif présent : *il rompt.*

INDICATIF

Présent		Passé composé	
je	pr ends	j' ai	pris
tu	pr ends	tu as	pris
il	pr end	il a	pris
nous	pr enons	n. avons	pris
vous	pr enez	v. avez	pris
ils	pr ennent	ils ont	pris

Imparfait		Plus-que-parfait	
je	pr enais	j' avais	pris
tu	pr enais	tu avais	pris
il	pr enait	il avait	pris
nous	pr enions	n. avions	pris
vous	pr eniez	v. aviez	pris
ils	pr enaient	ils avaient	pris

Passé simple		Passé antérieur	
je	pr is	j' eus	pris
tu	pr is	tu eus	pris
il	pr it	il eut	pris
nous	pr îmes	n. eûmes	pris
vous	pr îtes	v. eûtes	pris
ils	pr irent	ils eurent	pris

Futur simple		Futur antérieur	
je	pr endrai	j' aurai	pris
tu	pr endras	tu auras	pris
il	pr endra	il aura	pris
nous	pr endrons	n. aurons	pris
vous	pr endrez	v. aurez	pris
ils	pr endront	ils auront	pris

SUBJONCTIF

Présent		Passé	
que je	pr enne	que j'	aie	pris
que tu	pr ennes	que tu aies	pris
qu'il	pr enne	qu'il ait	pris
que n.	pr enions	que n. ayons	pris
que v.	pr eniez	que v. ayez	pris
qu'ils	pr ennent	qu'ils aient	pris

Imparfait		Plus-que-parfait	
que je	pr isse	que j' eusse	pris
que tu	pr isses	que tu eusses	pris
qu'il	pr ît	qu'il eût	pris
que n.	pr issions	que n. eussions	pris
que v.	pr issiez	que v. eussiez	pris
qu'ils	pr issent	qu'ils eussent	pris

IMPÉRATIF

Présent	Passé	
pr ends	aie	pris
pr enons	ayons	pris
pr enez	ayez	pris

CONDITIONNEL

Présent		Passé 1re forme	
je	pr endrais	j'	aurais	pris
tu	pr endrais	tu	aurais	pris
il	pr endrait	il	aurait	pris
n.	pr endrions	n.	aurions	pris
v.	pr endriez	v.	auriez	pris
ils	pr endraient	ils	auraient	pris

Passé 2e forme		
j'	eusse	pris
tu	eusses	pris
il	eût	pris
n.	eussions	pris
v.	eussiez	pris
ils	eussent	pris

INFINITIF

Présent	Passé
pr endre	avoir pris

PARTICIPE

Présent	Passé
pr enant	pr is, pr ise
	ayant pris

Ainsi se conjuguent les composés de **prendre** (page 102).

55 VERBE **BATTRE**

INDICATIF

Présent		Passé composé	
je	bats	j' ai	battu
tu	bats	tu as	battu
il	bat	il a	battu
nous	battons	n. avons	battu
vous	battez	v. avez	battu
ils	battent	ils ont	battu

Imparfait		Plus-que-parfait	
je	battais	j' avais	battu
tu	battais	tu avais	battu
il	battait	il avait	battu
nous	battions	n. avions	battu
vous	battiez	v. aviez	battu
ils	battaient	ils avaient	battu

Passé simple		Passé antérieur	
je	battis	j' eus	battu
tu	battis	tu eus	battu
il	battit	il eut	battu
nous	battîmes	n. eûmes	battu
vous	battîtes	v. eûtes	battu
ils	battirent	ils eurent	battu

Futur simple		Futur antérieur	
je	battrai	j' aurai	battu
tu	battras	tu auras	battu
il	battra	il aura	battu
nous	battrons	n. aurons	battu
vous	battrez	v. aurez	battu
ils	battront	ils auront	battu

SUBJONCTIF

Présent	Passé	
que je batte	que j' aie	battu
que tu battes	que tu aies	battu
qu'il batte	qu'il ait	battu
que n. battions	que n. ayons	battu
que v. battiez	que v. ayez	battu
qu'ils battent	qu'ils aient	battu

Imparfait	Plus-que-parfait	
que je battisse	que j' eusse	battu
que tu battisses	que tu eusses	battu
qu'il battît	qu'il eût	battu
que n. battissions	que n. eussions	battu
que v. battissiez	que v. eussiez	battu
qu'ils battissent	qu'ils eussent	battu

IMPÉRATIF

Présent	Passé	
bats	aie	battu
battons	ayons	battu
battez	ayez	battu

CONDITIONNEL

Présent		Passé 1re forme	
je	battrais	j' aurais	battu
tu	battrais	tu aurais	battu
il	battrait	il aurait	battu
n.	battrions	n. aurions	battu
v.	battriez	v. auriez	battu
ils	battraient	ils auraient	battu

Passé 2e forme		
j'	eusse	battu
tu	eusses	battu
il	eût	battu
n.	eussions	battu
v.	eussiez	battu
ils	eussent	battu

INFINITIF

Présent	Passé
battre	avoir battu

PARTICIPE

Présent	Passé
battant	battu, ue
	ayant battu

Ainsi se conjuguent les composés de **battre** (page 103).

INDICATIF

Présent

je	mets
tu	mets
il	met
nous	mettons
vous	mettez
ils	mettent

Passé composé

j'	ai	mis
tu	as	mis
il	a	mis
n.	avons	mis
v.	avez	mis
ils	ont	mis

Imparfait

je	mettais
tu	mettais
il	mettait
nous	mettions
vous	mettiez
ils	mettaient

Plus-que-parfait

j'	avais	mis
tu	avais	mis
il	avait	mis
n.	avions	mis
v.	aviez	mis
ils	avaient	mis

Passé simple

je	mis
tu	mis
il	mit
nous	mîmes
vous	mîtes
ils	mirent

Passé antérieur

j'	eus	mis
tu	eus	mis
il	eut	mis
n.	eûmes	mis
v.	eûtes	mis
ils	eurent	mis

Futur simple

je	mettrai
tu	mettras
il	mettra
nous	mettrons
vous	mettrez
ils	mettront

Futur antérieur

j'	aurai	mis
tu	auras	mis
il	aura	mis
n.	aurons	mis
v.	aurez	mis
ils	auront	mis

SUBJONCTIF

Présent

que je	mette
que tu	mettes
qu'il	mette
que n.	mettions
que v.	mettiez
qu'ils	mettent

Passé

que j'	aie	mis
que tu	aies	mis
qu'il	ait	mis
que n.	ayons	mis
que v.	ayez	mis
qu'ils	aient	mis

Imparfait

que je	misse
que tu	misses
qu'il	mît
que n.	missions
que v.	missiez
qu'ils	missent

Plus-que-parfait

que j'	eusse	mis
que tu	eusses	mis
qu'il	eût	mis
que n.	eussions	mis
que v.	eussiez	mis
qu'ils	eussent	mis

IMPÉRATIF

Présent

mets
mettons
mettez

Passé

aie mis
ayons mis
ayez mis

CONDITIONNEL

Présent

je	mettrais
tu	mettrais
il	mettrait
n.	mettrions
v.	mettriez
ils	mettraient

Passé 1re forme

j'	aurais	mis
tu	aurais	mis
il	aurait	mis
n.	aurions	mis
v.	auriez	mis
ils	auraient	mis

Passé 2e forme

j'	eusse	mis
tu	eusses	mis
il	eût	mis
n.	eussions	mis
v.	eussiez	mis
ils	eussent	mis

INFINITIF

Présent

mettre

Passé

avoir mis

PARTICIPE

Présent

mettant

Passé

mis, ise
ayant mis

Ainsi se conjuguent les composés de **mettre** (page 103).

57 VERBES EN -EINDRE : PEINDRE

INDICATIF

Présent		Passé composé		
je	p eins	j'	ai	peint
tu	p eins	tu	as	peint
il	p eint	il	a	peint
nous	p eignons	n.	avons	peint
vous	p eignez	v.	avez	peint
ils	p eignent	ils	ont	peint

Imparfait		Plus-que-parfait		
je	p eignais	j'	avais	peint
tu	p eignais	tu	avais	peint
il	p eignait	il	avait	peint
nous	p eignions	n.	avions	peint
vous	p eigniez	v.	aviez	peint
ils	p eignaient	ils	avaient	peint

Passé simple		Passé antérieur		
je	p eignis	j'	eus	peint
tu	p eignis	tu	eus	peint
il	p eignit	il	eut	peint
nous	p eignîmes	n.	eûmes	peint
vous	p eignîtes	v.	eûtes	peint
ils	p eignirent	ils	eurent	peint

Futur simple		Futur antérieur		
je	p eindrai	j'	aurai	peint
tu	p eindras	tu	auras	peint
il	p eindra	il	aura	peint
nous	p eindrons	n.	aurons	peint
vous	p eindrez	v.	aurez	peint
ils	p eindront	ils	auront	peint

SUBJONCTIF

Présent		Passé		
que je	p eigne	que j'	aie	peint
que tu	p eignes	que tu	aies	peint
qu'il	p eigne	qu'il	ait	peint
que n.	p eignions	que n.	ayons	peint
que v.	p eigniez	que v.	ayez	peint
qu'ils	p eignent	qu'ils	aient	peint

Imparfait		Plus-que-parfait		
que je	p eignisse	que j'	eusse	peint
que tu	p eignisses	que tu	eusses	peint
qu'il	p eignît	qu'il	eût	peint
que n.	p eignissions	que n.	eussions	peint
que v.	p eignissiez	que v.	eussiez	peint
qu'ils	p eignissent	qu'ils	eussent	peint

IMPÉRATIF

Présent	Passé	
p eins	aie	peint
p eignons	ayons	peint
p eignez	ayez	peint

CONDITIONNEL

Présent		Passé 1ʳᵉ forme		
je	p eindrais	j'	aurais	peint
tu	p eindrais	tu	aurais	peint
il	p eindrait	il	aurait	peint
n.	p eindrions	n.	aurions	peint
v.	p eindriez	v.	auriez	peint
ils	p eindraient	ils	auraient	peint

Passé 2ᵉ forme		
j'	eusse	peint
tu	eusses	peint
il	eût	peint
n.	eussions	peint
v.	eussiez	peint
ils	eussent	peint

INFINITIF

Présent	Passé
p eindre	avoir peint

PARTICIPE

Présent	Passé	
p eignant	p eint	einte
	ayant peint	

Ainsi se conjuguent **astreindre, atteindre, ceindre, feindre, enfreindre, empreindre, geindre, teindre** et leurs composés (page 103).

INDICATIF

Présent		Passé composé	
je	j oins	j' ai	joint
tu	j oins	tu as	joint
il	j oint	il a	joint
nous	j oignons	n. avons	joint
vous	j oignez	v. avez	joint
ils	j oignent	ils ont	joint

Imparfait		Plus-que-parfait	
je	j oignais	j' avais	joint
tu	j oignais	tu avais	joint
il	j oignait	il avait	joint
nous	j oignions	n. avions	joint
vous	j oigniez	v. aviez	joint
ils	j oignaient	ils avaient	joint

Passé simple		Passé antérieur	
je	j oignis	j' eus	joint
tu	j oignis	tu eus	joint
il	j oignit	il eut	joint
nous	j oignîmes	n. eûmes	joint
vous	j oignîtes	v. eûtes	joint
ils	j oignirent	ils eurent	joint

Futur simple		Futur antérieur	
je	j oindrai	j' aurai	joint
tu	j oindras	tu auras	joint
il	j oindra	il aura	joint
nous	j oindrons	n. aurons	joint
vous	j oindrez	v. aurez	joint
ils	j oindront	ils auront	joint

SUBJONCTIF

Présent		Passé		
que je	j oigne	que j'	aie	joint
que tu	j oignes	que tu aies		joint
qu'il	j oigne	qu'il	ait	joint
que n.	j oignions	que n. ayons		joint
que v.	j oigniez	que v. ayez		joint
qu'ils	j oignent	qu'ils aient		joint

Imparfait		Plus-que-parfait		
que je	j oignisse	que j'	eusse	joint
que tu	j oignisses	que tu eusses		joint
qu'il	j oignît	qu'il	eût	joint
que n.	j oignissions	que n. eussions		joint
que v.	j oignissiez	que v. eussiez		joint
qu'ils	j oignissent	qu'ils eussent		joint

IMPÉRATIF

Présent	Passé	
j oins	aie	joint
j oignons	ayons	joint
j oignez	ayez	joint

CONDITIONNEL

Présent		Passé 1re forme		
je	j oindrais	j'	aurais	joint
tu	j oindrais	tu	aurais	joint
il	j oindrait	il	aurait	joint
n.	j oindrions	n.	aurions	joint
v.	j oindriez	v.	auriez	joint
ils	j oindraient	ils	auraient	joint

Passé 2e forme		
j'	eusse	joint
tu	eusses	joint
il	eût	joint
n.	eussions	joint
v.	eussiez	joint
ils	eussent	joint

INFINITIF

Présent	Passé
j oindre	avoir joint

PARTICIPE

Présent	Passé
j oignant	j oint, te
	ayant joint

Ainsi se conjuguent les composés de **joindre** (page 103) et les verbes archaïques **poindre** et **oindre**.

INDICATIF

Présent		Passé composé	
je	cr ains	j' ai	craint
tu	cr ains	tu as	craint
il	cr aint	il a	craint
nous	cr aignons	n. avons	craint
vous	cr aignez	v. avez	craint
ils	cr aignent	ils ont	craint

Imparfait		Plus-que-parfait	
je	cr aignais	j' avais	craint
tu	cr aignais	tu avais	craint
il	cr aignait	il avait	craint
nous	cr aignions	n. avions	craint
vous	cr aigniez	v. aviez	craint
ils	cr aignaient	ils avaient	craint

Passé simple		Passé antérieur	
je	cr aignis	j' eus	craint
tu	cr aignis	tu eus	craint
il	cr aignit	il eut	craint
nous	cr aignîmes	n. eûmes	craint
vous	cr aignîtes	v. eûtes	craint
ils	cr aignirent	ils eurent	craint

Futur simple		Futur antérieur	
je	cr aindrai	j' aurai	craint
tu	cr aindras	tu auras	craint
il	cr aindra	il aura	craint
nous	cr aindrons	n. aurons	craint
vous	cr aindrez	v. aurez	craint
ils	cr aindront	ils auront	craint

SUBJONCTIF

Présent		Passé		
que je	cr aigne	que j'	aie	craint
que tu	cr aignes	que tu	aies	craint
qu'il	cr aigne	qu'il	ait	craint
que n.	cr aignions	que n.	ayons	craint
que v.	cr aigniez	que v.	ayez	craint
qu'ils	cr aignent	qu'ils	aient	craint

Imparfait		Plus-que-parfait		
que je	cr aignisse	que j'	eusse	craint
que tu	cr aignisses	que tu	eusses	craint
qu'il	cr aignît	qu'il	eût	craint
que n.	cr aignissions	que n.	eussions	craint
que v.	cr aignissiez	que v.	eussiez	craint
qu'ils	cr aignissent	qu'ils	eussent	craint

IMPÉRATIF

Présent	Passé	
cr ains	aie	craint
cr aignons	ayons	craint
cr aignez	ayez	craint

CONDITIONNEL

Présent		Passé 1re forme		
je	cr aindrais	j'	aurais	craint
tu	cr aindrais	tu	aurais	craint
il	cr aindrait	il	aurait	craint
n.	cr aindrions	n.	aurions	craint
v.	cr aindriez	v.	auriez	craint
ils	cr aindraient	ils	auraient	craint

Passé 2e forme		
j'	eusse	craint
tu	eusses	craint
il	eût	craint
n.	eussions	craint
v.	eussiez	craint
ils	eussent	craint

INFINITIF

Présent	Passé
cr aindre	avoir craint

PARTICIPE

Présent	Passé
cr aignant	cr aint, ainte
	ayant craint

Ainsi se conjuguent **contraindre** et **plaindre**.

INDICATIF

Présent		Passé composé	
je	vaincs	j' ai	vaincu
tu	vaincs	tu as	vaincu
il	vainc	il a	vaincu
nous	vainquons	n. avons	vaincu
vous	vainquez	v. avez	vaincu
ils	vainquent	ils ont	vaincu

Imparfait		Plus-que-parfait	
je	vainquais	j' avais	vaincu
tu	vainquais	tu avais	vaincu
il	vainquait	il avait	vaincu
nous	vainquions	n. avions	vaincu
vous	vainquiez	v. aviez	vaincu
ils	vainquaient	ils avaient	vaincu

Passé simple		Passé antérieur	
je	vainquis	j' eus	vaincu
tu	vainquis	tu eus	vaincu
il	vainquit	il eut	vaincu
nous	vainquîmes	n. eûmes	vaincu
vous	vainquîtes	v. eûtes	vaincu
ils	vainquirent	ils eurent	vaincu

Futur simple		Futur antérieur	
je	vaincrai	j' aurai	vaincu
tu	vaincras	tu auras	vaincu
il	vaincra	il aura	vaincu
nous	vaincrons	n. aurons	vaincu
vous	vaincrez	v. aurez	vaincu
ils	vaincront	ils auront	vaincu

SUBJONCTIF

Présent		Passé	
que je vainque		que j' aie	vaincu
que tu vainques		que tu aies	vaincu
qu'il vainque		qu'il ait	vaincu
que n. vainquions		que n. ayons	vaincu
que v. vainquiez		que v. ayez	vaincu
qu'ils vainquent		qu'ils aient	vaincu

Imparfait		Plus-que-parfait	
que je vainquisse		que j' eusse	vaincu
que tu vainquisses		que tu eusses	vaincu
qu'il vainquît		qu'il eût	vaincu
que n. vainquissions		que n. eussions	vaincu
que v. vainquissiez		que v. eussiez	vaincu
qu'ils vainquissent		qu'ils eussent	vaincu

IMPÉRATIF

Présent	Passé	
vaincs	aie	vaincu
vainquons	ayons	vaincu
vainquez	ayez	vaincu

CONDITIONNEL

Présent	Passé 1ʳᵉ forme	
je vaincrais	j' aurais	vaincu
tu vaincrais	tu aurais	vaincu
il vaincrait	il aurait	vaincu
n. vaincrions	n. aurions	vaincu
v. vaincriez	v. auriez	vaincu
ils vaincraient	ils auraient	vaincu

Passé 2ᵉ forme	
j' eusse	vaincu
tu eusses	vaincu
il eût	vaincu
n. eussions	vaincu
v. eussiez	vaincu
ils eussent	vaincu

INFINITIF

Présent	Passé
vaincre	avoir vaincu

PARTICIPE

Présent	Passé
vainquant	vaincu, ue
	ayant vaincu

Seule irrégularité du verbe *vaincre* : il ne prend pas le **t** final à la troisième personne du singulier du présent de l'indicatif : *il vainc.*
D'autre part devant une voyelle (sauf **u**) le **c** se change en **qu** : *nous vainquons.*
Ainsi se conjugue **convaincre.**

INDICATIF

Présent		Passé composé	
je	trais	j' ai	trait
tu	trais	tu as	trait
il	trait	il a	trait
nous	trayons	n. avons	trait
vous	trayez	v. avez	trait
ils	traient	ils ont	trait

Imparfait		Plus-que-parfait	
je	trayais	j' avais	trait
tu	trayais	tu avais	trait
il	trayait	il avait	trait
nous	trayions	n. avions	trait
vous	trayiez	v. aviez	trait
ils	trayaient	ils avaient	trait

Passé simple	Passé antérieur	
	j' eus	trait
	tu eus	trait
N'existe pas	il eut	trait
	n. eûmes	trait
	v. eûtes	trait
	ils eurent	trait

Futur simple		Futur antérieur	
je	trairai	j' aurai	trait
tu	trairas	tu auras	trait
il	traira	il aura	trait
nous	trairons	n. aurons	trait
vous	trairez	v. aurez	trait
ils	trairont	ils auront	trait

SUBJONCTIF

Présent	Passé	
que je traie	que j' aie	trait
que tu traies	que tu aies	trait
qu'il traie	qu'il ait	trait
que n. trayions	que n. ayons	trait
que v. trayiez	que v. ayez	trait
qu'ils traient	qu'ils aient	trait

Imparfait	Plus-que-parfait	
	que j' eusse	trait
	que tu eusses	trait
	qu'il eût	trait
N'existe pas	que n. eussions	trait
	que v. eussiez	trait
	qu'ils eussent	trait

IMPÉRATIF

Présent	Passé	
trais	aie	trait
trayons	ayons	trait
trayez	ayez	trait

CONDITIONNEL

Présent		Passé 1ʳᵉ forme	
je	trairais	j' aurais	trait
tu	trairais	tu aurais	trait
il	trairait	il aurait	trait
n.	trairions	n. aurions	trait
v.	trairiez	v. auriez	trait
ils	trairaient	ils auraient	trait

Passé 2ᵉ forme		
j'	eusse	trait
tu	eusses	trait
il	eût	trait
n.	eussions	trait
v.	eussiez	trait
ils	eussent	trait

INFINITIF

Présent	Passé
traire	avoir trait

PARTICIPE

Présent	Passé
trayant	trait, aite
	ayant trait

Ainsi se conjuguent les composés de **traire** (au sens de *tirer*) comme **extraire, distraire,** etc. (voir page 103), de même le verbe **braire** qui ne s'emploie qu'aux 3ᵉ personnes de l'indicatif présent, du futur et du conditionnel.

INDICATIF

Présent		**Passé composé**	
je	fais	j' ai	fait
tu	fais	tu as	fait
il	fait	il a	fait
nous	faisons	n. avons	fait
vous	*faites*	v. avez	fait
ils	font	ils ont	fait

Imparfait		**Plus-que-parfait**	
je	faisais	j' avais	fait
tu	faisais	tu avais	fait
il	faisait	il avait	fait
nous	faisions	n. avions	fait
vous	faisiez	v. aviez	fait
ils	faisaient	ils avaient	fait

Passé simple		**Passé antérieur**	
je	fis	j' eus	fait
tu	fis	tu eus	fait
il	fit	il eut	fait
nous	fîmes	n. eûmes	fait
vous	fîtes	v. eûtes	fait
ils	firent	ils eurent	fait

Futur simple		**Futur antérieur**	
je	ferai	j' aurai	fait
tu	feras	tu auras	fait
il	fera	il aura	fait
nous	ferons	n. aurons	fait
vous	ferez	v. aurez	fait
ils	feront	ils auront	fait

SUBJONCTIF

Présent		**Passé**	
que je	fasse	que j' aie	fait
que tu	fasses	que tu aies	fait
qu'il	fasse	qu'il ait	fait
que n.	fassions	que n. ayons	fait
que v.	fassiez	que v. ayez	fait
qu'ils	fassent	qu'ils aient	fait

Imparfait		**Plus-que-parfait**	
que je	fisse	que j' eusse	fait
que tu	fisses	que tu eusses	fait
qu'il	fît	qu'il eût	fait
que n.	fissions	que n. eussions	fait
que v.	fissiez	que v. eussiez	fait
qu'ils	fissent	qu'ils eussent	fait

IMPÉRATIF

Présent	**Passé**	
fais	aie	fait
faisons	ayons	fait
faites	ayez	fait

CONDITIONNEL

Présent		**Passé 1re forme**	
je	ferais	j' aurais	fait
tu	ferais	tu aurais	fait
il	ferait	il aurait	fait
n.	ferions	n. aurions	fait
v.	feriez	v. auriez	fait
ils	feraient	ils auraient	fait

Passé 2e forme	
j' eusse	fait
tu eusses	fait
il eût	fait
n. eussions	fait
v. eussiez	fait
ils eussent	fait

INFINITIF

Présent	**Passé**
faire	avoir fait

PARTICIPE

Présent	**Passé**
faisant	fait, te
	ayant fait

Tout en écrivant **fai** on prononce *nous* **fe**sons, *je* **fe**sais..., **fe**sons, **fe**sant; en revanche on a aligné sur la prononciation l'orthographe de *je* **fe**rai..., *je* **fe**rais..., écrits avec un e. Noter les 2e personnes du pluriel *vous faites;* impératif : *faites. Vous faisez, faisez* sont de grossiers barbarismes. Ainsi se conjuguent les composés de **faire** (page 103).

INDICATIF

Présent		Passé composé	
je	plais	j' ai	plu
tu	plais	tu as	plu
il	plaît	il a	plu
nous	plaisons	n. avons	plu
vous	plaisez	v. avez	plu
ils	plaisent	ils ont	plu

Imparfait		Plus-que-parfait	
je	plaisais	j' avais	plu
tu	plaisais	tu avais	plu
il	plaisait	il avait	plu
nous	plaisions	n. avions	plu
vous	plaisiez	v. aviez	plu
ils	plaisaient	ils avaient	plu

Passé simple		Passé antérieur	
je	plus	j' eus	plu
tu	plus	tu eus	plu
il	plut	il eut	plu
nous	plûmes	n. eûmes	plu
vous	plûtes	v. eûtes	plu
ils	plurent	ils eurent	plu

Futur simple		Futur antérieur	
je	plairai	j' aurai	plu
tu	plairas	tu auras	plu
il	plaira	il aura	plu
nous	plairons	n. aurons	plu
vous	plairez	v. aurez	plu
ils	plairont	ils auront	plu

SUBJONCTIF

Présent	Passé	
que je plaise	que j' aie	plu
que tu plaises	que tu aies	plu
qu'il plaise	qu'il ait	plu
que n. plaisions	que n. ayons	plu
que v. plaisiez	que v. ayez	plu
qu'ils plaisent	qu'ils aient	plu

Imparfait	Plus-que-parfait	
que je plusse	que j' eusse	plu
que tu plusses	que tu eusses	plu
qu'il plût	qu'il eût	plu
que n. plussions	que n. eussions	plu
que v. plussiez	que v. eussiez	plu
qu'ils plussent	qu'ils eussent	plu

IMPÉRATIF

Présent	Passé	
plais	aie	plu
plaisons	ayons	plu
plaisez	ayez	plu

CONDITIONNEL

Présent		Passé 1re forme	
je	plairais	j'	aurais	plu
tu	plairais	tu	aurais	plu
il	plairait	il	aurait	plu
n.	plairions	n.	aurions	plu
v.	plairiez	v.	auriez	plu
ils	plairaient	ils	auraient	plu

	Passé 2e forme	
j'	eusse	plu
tu	eusses	plu
il	eût	plu
n.	eussions	plu
v.	eussiez	plu
ils	eussent	plu

INFINITIF

Présent	Passé
plaire	avoir plu

PARTICIPE

Présent	Passé
plaisant	plu
	ayant plu

Ainsi se conjuguent **complaire** et **déplaire,** de même que **taire** qui, lui, ne prend pas d'accent circonflexe au présent de l'indicatif : *il tait* et qui a un participe passé variable : *tu, tue.*

INDICATIF

Présent

e conn ais
tu conn ais
il conn aît
nous conn aissons
vous conn aissez
ils conn aissent

Passé composé

j' ai connu
tu as connu
il a connu
n. avons connu
v. avez connu
ils ont connu

Imparfait

e conn aissais
tu conn aissais
il conn aissait
nous conn aissions
vous conn aissiez
ils conn aissaient

Plus-que-parfait

j' avais connu
tu avais connu
il avait connu
n. avions connu
v. aviez connu
ils avaient connu

Passé simple

e conn us
tu conn us
il conn ut
nous conn ûmes
vous conn ûtes
ils conn urent

Passé antérieur

j' eus connu
tu eus connu
il eut connu
n. eûmes connu
v. eûtes connu
ils eurent connu

Futur simple

e conn aîtrai
tu conn aîtras
il conn aîtra
nous conn aîtrons
vous conn aîtrez
ils conn aîtront

Futur antérieur

j' aurai connu
tu auras connu
il aura connu
n. aurons connu
v. aurez connu
ils auront connu

SUBJONCTIF

Présent

que je conn aisse
que tu conn aisses
qu'il conn aisse
que n. conn aissions
que v. conn aissiez
qu'ils conn aissent

Passé

que j' aie connu
que tu aies connu
qu'il ait connu
que n. ayons connu
que v. ayez connu
qu'ils aient connu

Imparfait

que je conn usse
que tu conn usses
qu'il conn ût
que n. conn ussions
que v. conn ussiez
qu'ils conn ussent

Plus-que-parfait

que j' eusse connu
que tu eusses connu
qu'il eût connu
que n. eussions connu
que v. eussiez connu
qu'ils eussent connu

IMPÉRATIF

Présent

conn ais
conn aissons
conn aissez

Passé

aie connu
ayons connu
ayez connu

CONDITIONNEL

Présent

je conn aîtrais
tu conn aîtrais
il conn aîtrait
n. conn aîtrions
v. conn aîtriez
ils conn aîtraient

Passé 1re forme

j' aurais connu
tu aurais connu
il aurait connu
n. aurions connu
v. auriez connu
ils auraient connu

Passé 2e forme

j' eusse connu
tu eusses connu
il eût connu
n. eussions connu
v. eussiez connu
ils eussent connu

INFINITIF

Présent

conn aître

Passé

avoir connu

PARTICIPE

Présent

conn aissant

Passé

conn u, ue
ayant connu

Ainsi se conjuguent **connaître, paraître** et tous leurs composés (page 103).
Tous les verbes en **-aître** prennent un accent circonflexe sur l'**i** qui précède le **t**, de même que tous les verbes en **-oître.**

INDICATIF

Présent		Passé composé		
je	nais	je	suis	né
tu	nais	tu	es	né
il	naît	il	est	né
nous	naissons	n.	sommes	nés
vous	naissez	v.	êtes	nés
ils	naissent	ils	sont	nés

Imparfait		Plus-que-parfait		
je	naissais	j'	étais	né
tu	naissais	tu	étais	né
il	naissait	il	était	né
nous	naissions	n.	étions	nés
vous	naissiez	v.	étiez	nés
ils	naissaient	ils	étaient	nés

Passé simple		Passé antérieur		
je	naquis	je	fus	né
tu	naquis	tu	fus	né
il	naquit	il	fut	né
nous	naquîmes	n.	fûmes	nés
vous	naquîtes	v.	fûtes	nés
ils	naquirent	ils	furent	nés

Futur simple		Futur antérieur		
je	naîtrai	je	serai	né
tu	naîtras	tu	seras	né
il	naîtra	il	sera	né
nous	naîtrons	n.	serons	nés
vous	naîtrez	v.	serez	nés
ils	naîtront	ils	seront	nés

SUBJONCTIF

Présent		Passé		
que je	naisse	que je	sois	né
que tu	naisses	que tu	sois	né
qu'il	naisse	qu'il	soit	né
que n.	naissions	que n.	soyons	nés
que v.	naissiez	que v.	soyez	nés
qu'ils	naissent	qu'ils	soient	nés

Imparfait		Plus-que-parfait		
que je	naquisse	que je	fusse	né
que tu	naquisses	que tu	fusses	né
qu'il	naquît	qu'il	fût	né
que n.	naquissions	que n.	fussions	nés
que v.	naquissiez	que v.	fussiez	nés
qu'ils	naquissent	qu'ils	fussent	nés

IMPÉRATIF

Présent	Passé	
nais	sois	né
naissons	soyons	nés
naissez	soyez	nés

CONDITIONNEL

Présent		Passé 1ʳᵉ forme		
je	naîtrais	je	serais	né
tu	naîtrais	tu	serais	né
il	naîtrait	il	serait	né
n.	naîtrions	n.	serions	nés
v.	naîtriez	v.	seriez	nés
ils	naîtraient	ils	seraient	nés

Passé 2ᵉ forme		
je	fusse	né
tu	fusses	né
il	fût	né
n.	fussions	nés
v.	fussiez	nés
ils	fussent	nés

INFINITIF

Présent	Passé
naître	être né

PARTICIPE

Présent	Passé
naissant	né, née
	étant né

Renaître, conjugué sur **naître,** n'a pas de participe passé ni de temps composés.

Le verbe **paître** n'a pas de *temps composés;* il n'est usité qu'aux *temps simples* suivants :

INDICATIF

Présent	*Passé simple*
je pais	
tu pais	
il paît	*N'existe pas*
nous paissons	
vous paissez	
ils paissent	

Imparfait	*Futur simple*
je paissais	je paîtrai
tu paissais	tu paîtras
il paissait	il paîtra
nous paissions	n. paîtrons
vous paissiez	v. paîtrez
ils paissaient	ils paîtront

SUBJONCTIF

Présent	*Imparfait*
que je paisse	
que tu paisses	
qu'il paisse	*N'existe pas*
que n. paissions	
que v. paissiez	
qu'ils paissent	

IMPÉRATIF

pais
paissez

INFINITIF

Présent

paître

PARTICIPE

Présent

paissant

CONDITIONNEL

Présent

je paîtrais
tu paîtrais
il paîtrait
n. paîtrions
v. paîtriez
ils paîtraient

Nota. Le participe passé : **pu,** invariable, n'est usité qu'en termes de fauconnerie.

VERBE **REPAÎTRE**

Repaître se conjugue comme **paître,** mais il a de plus les temps suivants :

INDICATIF

Passé simple

je repus

PARTICIPE

Passé

repu

SUBJONCTIF

Imparfait

que je repusse

Tous les temps composés

j'ai repu
j'avais repu, etc.

INDICATIF

Présent

je	croîs
tu	croîs
il	croît
nous	croissons
vous	croissez
ils	croissent

Passé composé

j'	ai	crû .
tu	as	crû
il	a	crû
n.	avons	crû
v.	avez	crû
ils	ont	crû

Imparfait

je	croissais
tu	croissais
il	croissait
nous	croissions
vous	croissiez
ils	croissaient

Passé antérieur

j'	eus	crû
tu	eus	crû
il	eut	crû
n.	eûmes	crû
v.	eûtes	crû
ils	eurent	crû

Passé simple

je	crûs
tu	crûs
il	crût
nous	crûmes
vous	crûtes
ils	crûrent

Plus-que-parfait

j'	avais	crû
tu	avais	crû
il	avait	crû
n.	avions	crû
v.	aviez	crû
ils	avaient	crû

Futur simple

je	croîtrai
tu	croîtras
il	croîtra
nous	croîtrons
vous	croîtrez
ils	croîtront

Futur antérieur

j'	aurai	crû
tu	auras	crû
il	aura	crû
n.	aurons	crû
v.	aurez	crû
ils	auront	crû

SUBJONCTIF

Présent

que je	croisse
que tu	croisses
qu'il	croisse
que n.	croissions
que v.	croissiez
qu'ils	croissent

Passé

que j'	aie	crû
que tu	aies	crû
qu'il	ait	crû
que n.	ayons	crû
que v.	ayez	crû
qu'ils	aient	crû

Imparfait

que je	crûsse
que tu	crûsses
qu'il	crût
que n.	crûssions
que v.	crûssiez
qu'ils	crûssent

Plus-que-parfait

que j'	eusse	crû
que tu	eusses	crû
qu'il	eût	crû
que n.	eussions	crû
que v.	eussiez	crû
qu'ils	eussent	crû

IMPÉRATIF

Présent

croîs
croissons
croissez

Passé

aie	crû
ayons	crû
ayez	crû

CONDITIONNEL

Présent

je	croîtrais
tu	croîtrais
il	croîtrait
n.	croîtrions
v.	croîtriez
ils	croîtraient

Passé 1re forme

j'	aurais	crû
tu	aurais	crû
il	aurait	crû
n.	aurions	crû
v.	auriez	crû
ils	auraient	crû

Passé 2e forme

j'	eusse	crû
tu	eusses	crû
il	eût	crû
n.	eussions	crû
v.	eussiez	crû
ils	eussent	crû

INFINITIF

Présent

croître

Passé

avoir crû

PARTICIPE

Présent

croissant

Passé

crû, ue
ayant crû

Ainsi se conjuguent **accroître, décroître, recroître.** S'ils prennent tous un accent circonflexe sur l'**i** suivi d'un **t, croître** est le seul qui ait l'accent circonflexe aux formes suivantes : *je croîs, tu croîs, je crûs, tu crûs, il crût, ils crûrent, que je crûsse..., crû,* pour le distinguer des formes correspondantes du verbe **croire.** Noter cependant le participe passé *recrû.*

INDICATIF

Présent

je	crois
tu	crois
il	croit
nous	croyons
vous	croyez
ils	croient

Passé composé

j'	ai	cru
tu	as	cru
il	a	cru
n.	avons	cru
v.	avez	cru
ils	ont	cru

Imparfait

je	croyais
tu	croyais
il	croyait
nous	croyions
vous	croyiez
ils	croyaient

Plus-que-parfait

j'	avais	cru
tu	avais	cru
il	avait	cru
n.	avions	cru
v.	aviez	cru
ils	avaient	cru

Passé simple

je	crus
tu	crus
il	crut
nous	crûmes
vous	crûtes
ils	crurent

Passé antérieur

j'	eus	cru
tu	eus	cru
il	eut	cru
n.	eûmes	cru
v.	eûtes	cru
ils	eurent	cru

Futur simple

je	croirai
tu	croiras
il	croira
nous	croirons
vous	croirez
ils	croiront

Futur antérieur

j'	aurai	cru
tu	auras	cru
il	aura	cru
n.	aurons	cru
v.	aurez	cru
ils	auront	cru

SUBJONCTIF

Présent

que je	croie
que tu	croies
qu'il	croie
que n.	croyions
que v.	croyiez
qu'ils	croient

Passé

que j'	aie	cru
que tu	aies	cru
qu'il	ait	cru
que n.	ayons	cru
que v.	ayez	cru
qu'ils	aient	cru

Imparfait

que je	crusse
que tu	crusses
qu'il	crût
que n.	crussions
que v.	crussiez
qu'ils	crussent

Plus-que-parfait

que j'	eusse	cru
que tu	eusses	cru
qu'il	eût	cru
que n.	eussions	cru
que v.	eussiez	cru
qu'ils	eussent	cru

IMPÉRATIF

Présent

crois
croyons
croyez

Passé

aie	cru
ayons	cru
ayez	cru

CONDITIONNEL

Présent

je	croirais
tu	croirais
il	croirait
n.	croirions
v.	croiriez
ils	croiraient

Passé 1re forme

j'	aurais	cru
tu	aurais	cru
il	aurait	cru
n.	aurions	cru
v.	auriez	cru
ils	auraient	cru

Passé 2e forme

j'	eusse	cru
tu	eusses	cru
il	eût	cru
n.	eussions	cru
v.	eussiez	cru
ils	eussent	cru

INFINITIF

Présent

croire

Passé

avoir cru

PARTICIPE

Présent

croyant

Passé

cru, ue
ayant cru

69 VERBE **BOIRE**

INDICATIF

Présent		*Passé composé*	
je	bois	j' ai	bu
tu	bois	tu as	bu
il	boit	il a	bu
nous	buvons	n. avons	bu
vous	buvez	v. avez	bu
ils	boivent	ils ont	bu

Imparfait		*Plus-que-parfait*	
je	buvais	j' avais	bu
tu	buvais	tu avais	bu
il	buvait	il avait	bu
nous	buvions	n. avions	bu
vous	buviez	v. aviez	bu
ils	buvaient	ils avaient	bu

Passé simple		*Passé antérieur*	
je	bus	j' eus	bu
tu	bus	tu eus	bu
il	but	il eut	bu
nous	bûmes	n. eûmes	bu
vous	bûtes	v. eûtes	bu
ils	burent	ils eurent	bu

Futur simple		*Futur antérieur*	
je	boirai	j' aurai	bu
tu	boiras	tu auras	bu
il	boira	il aura	bu
nous	boirons	n. aurons	bu
vous	boirez	v. aurez	bu
ils	boiront	ils auront	bu

SUBJONCTIF

Présent	*Passé*	
que je boive	que j' aie	bu
que tu boives	que tu aies	bu
qu'il boive	qu'il ait	bu
que n. buvions	que n. ayons	bu
que v. buviez	que v. ayez	bu
qu'ils boivent	qu'ils aient	bu

Imparfait	*Plus-que-parfait*	
que je busse	que j' eusse	bu
que tu busses	que tu eusses	bu
qu'il bût	qu'il eût	bu
que n. bussions	que n. eussions	bu
que v. bussiez	que v. eussiez	bu
qu'ils bussent	qu'ils eussent	bu

IMPÉRATIF

Présent	*Passé*	
bois	aie	bu
buvons	ayons	bu
buvez	ayez	bu

CONDITIONNEL

Présent		*Passé 1ʳᵉ forme*	
je	boirais	j' aurais	bu
tu	boirais	tu aurais	bu
il	boirait	il aurait	bu
n.	boirions	n. aurions	bu
v.	boiriez	v. auriez	bu
ils	boiraient	ils auraient	bu

Passé 2ᵉ forme		
j'	eusse	bu
tu	eusses	bu
il	eût	bu
n.	eussions	bu
v.	eussiez	bu
ils	eussent	bu

INFINITIF

Présent	*Passé*
boire	avoir bu

PARTICIPE

Présent	*Passé*
buvant	bu, ue
	ayant bu

INDICATIF

Présent		Passé composé	
je	clos	j' ai	clos
tu	clos	tu as	clos
il	clôt	il a	clos
ils	closent	n. avons	clos
		v. avez	clos
		ils ont	clos

Imparfait		Plus-que-parfait	
		j' avais	clos
		tu avais	clos
N'existe pas		il avait	clos
		n. avions	clos
		v. aviez	clos
		ils avaient	clos

Passé simple		Passé antérieur	
		j' eus	clos
		tu eus	clos
N'existe pas		il eut	clos
		n. eûmes	clos
		v. eûtes	clos
		ils eurent	clos

Futur simple		Futur antérieur	
je	clorai	j' aurai	clos
tu	cloras	tu auras	clos
il	clora	il aura	clos
nous	clorons	n. aurons	clos
vous	clorez	v. aurez	clos
ils	cloront	ils auront	clos

SUBJONCTIF

Présent	Passé	
que je close	que j' aie	clos
que tu closes	que tu aies	clos
qu'il close	qu'il ait	clos
que n. closions	que n. ayons	clos
que v. closiez	que v. ayez	clos
qu'ils closent	qu'ils aient	clos

Imparfait	Plus-que-parfait	
	que j' eusse	clos
	que tu eusses	clos
N'existe pas	qu'il eût	clos
	que n. eussions	clos
	que v. eussiez	clos
	qu'ils eussent	clos

IMPÉRATIF

Présent	Passé	
clos	aie	clos
	ayons	clos
	ayez	clos

CONDITIONNEL

Présent		Passé 1re forme	
je	clorais	j'	aurais clos
tu	clorais	tu	aurais clos
il	clorait	il	aurait clos
n.	clorions	n.	aurions clos
v.	cloriez	v.	auriez clos
ils	cloraient	ils	auraient clos

Passé 2e forme	
j'	eusse clos
tu	eusses clos
il	eût clos
n.	eussions clos
v.	eussiez clos
ils	eussent clos

INFINITIF

Présent	Passé
clore	avoir clos

PARTICIPE

Présent	Passé
closant	clos, se
	ayant clos

Ainsi se conjuguent **déclore, forclore, enclore, éclore.** Ces derniers font à l'indicatif présent : *il enclot, il éclot* sans accent circonflexe, en regard de : *il clôt* dont l'accent circonflexe n'a guère de justification étymologique. On trouve les formes : *nous enclosons, vous enclosez* et même *j'enclosais... enclosant.* De même pour **éclore.**

INDICATIF

Présent		Passé composé	
je	con clus	j' ai	conclu
tu	con clus	tu as	conclu
il	con clut	il a	conclu
nous	con cluons	n. avons	conclu
vous	con cluez	v. avez	conclu
ils	con cluent	ils ont	conclu

Imparfait		Plus-que-parfait	
je	con cluais	j' avais	conclu
tu	con cluais	tu avais	conclu
il	con cluait	il avait	conclu
nous	con cluions	n. avions	conclu
vous	con cluiez	v. aviez	conclu
ils	con cluaient	ils avaient	conclu

Passé simple		Passé antérieur	
je	con clus	j' eus	conclu
tu	con clus	tu eus	conclu
il	con clut	il eut	conclu
nous	con clûmes	n. eûmes	conclu
vous	con clûtes	v. eûtes	conclu
ils	con clurent	ils eurent	conclu

Futur simple		Futur antérieur	
je	con clurai	j' aurai	conclu
tu	con cluras	tu auras	conclu
il	con clura	il aura	conclu
nous	con clurons	n. aurons	conclu
vous	con clurez	v. aurez	conclu
ils	con cluront	ils auront	conclu

SUBJONCTIF

Présent		Passé	
que je con clue		que j' aie	conclu
que tu con clues		que tu aies	conclu
qu'il con clue		qu'il ait	conclu
que n. con cluions		que n. ayons	conclu
que v. con cluiez		que v. ayez	conclu
qu'ils con cluent		qu'ils aient	conclu

Imparfait		Plus-que-parfait	
que je con clusse		que j' eusse	conclu
que tu con clusses		que tu eusses	conclu
qu'il con clût		qu'il eût	conclu
que n. con clussions		que n. eussions	conclu
que v. con clussiez		que v. eussiez	conclu
qu'ils con clussent		qu'ils eussent	conclu

IMPÉRATIF

Présent	Passé	
con clus	aie	conclu
con cluons	ayons	conclu
con cluez	ayez	conclu

CONDITIONNEL

Présent	Passé 1re forme	
je con clurais	j' aurais	conclu
tu con clurais	tu aurais	conclu
il con clurait	il aurait	conclu
n. con clurions	n. aurions	conclu
v. con cluriez	v. auriez	conclu
ils con cluraient	ils auraient	conclu

Passé 2e forme	
j' eusse	conclu
tu eusses	conclu
il eût	conclu
n. eussions	conclu
v. eussiez	conclu
ils eussent	conclu

INFINITIF

Présent	Passé
con clure	avoir conclu

PARTICIPE

Présent	Passé
con cluant	con clu, ue
	ayant conclu

Ainsi se conjuguent **exclure, inclure, reclure.**
Noter les participes passés *inclus, incluse, reclus, recluse.*

INDICATIF

Présent		*Passé composé*	
j'	ab sous	j' ai	absous
tu	ab sous	tu as	absous
il	ab sout	il a	absous
nous	ab solvons	n. avons	absous
vous	ab solvez	v. avez	absous
ils	ab solvent	ils ont	absous

Imparfait		*Plus-que-parfait*	
j'	ab solvais	j' avais	absous
tu	ab solvais	tu avais	absous
il	ab solvait	il avait	absous
nous	ab solvions	n. avions	absous
vous	ab solviez	v. aviez	absous
ils	ab solvaient	ils avaient	absous

Passé simple	*Passé antérieur*	
	j' eus	absous
	tu eus	absous
N'existe pas	il eut	absous
	n. eûmes	absous
	v. eûtes	absous
	ils eurent	absous

Futur simple		*Futur antérieur*	
j'	ab soudrai	j' aurai	absous
tu	ab soudras	tu auras	absous
il	ab soudra	il aura	absous
nous	ab soudrons	n. aurons	absous
vous	ab soudrez	v. aurez	absous
ils	ab soudront	ils auront	absous

SUBJONCTIF

Présent	*Passé*	
que j' ab solve	que j' aie	absous
que tu ab solves	que tu aies	absous
qu'il ab solve	qu'il ait	absous
que n. ab solvions	que n. ayons	absous
que v. ab solviez	que v. ayez	absous
qu'ils ab solvent	qu'ils aient	absous

Imparfait	*Plus-que-parfait*	
	que j' eusse	absous
	que tu eusses	absous
N'existe pas	qu'il eût	absous
	que n. eussions	absous
	que v. eussiez	absous
	qu'ils eussent	absous

IMPÉRATIF

Présent	*Passé*	
ab sous	aie	absous
ab solvons	ayons	absous
ab solvez	ayez	absous

CONDITIONNEL

Présent	*Passé 1re forme*	
j' ab soudrais	j' aurais	absous
tu ab soudrais	tu aurais	absous
il ab soudrait	il aurait	absous
n. ab soudrions	n. aurions	absous
v. ab soudriez	v. auriez	absous
ils ab soudraient	ils auraient	absous

Passé 2e forme	
j' eusse	absous
tu eusses	absous
il eût	absous
n. eussions	absous
v. eussiez	absous
ils eussent	absous

INFINITIF

Présent	*Passé*
ab soudre	avoir absous

PARTICIPE

Présent	*Passé*
ab solvant	absous, oute
	ayant absous

j'ai résolu

Ainsi se conjuguent **dissoudre** et **résoudre** mais ce dernier a en outre un passé simple : *je résolus...,* un subjonctif imparfait : *que je résolusse...,* et un participe passé *résolu* (plus rarement *résous,* dans une acception particulière) cf. p. 152 note 4.

INDICATIF

Présent		Passé composé	
je	couds	j' ai	cousu
tu	couds	tu as	cousu
il	coud	il a	cousu
nous	cousons	n. avons	cousu
vous	cousez	v. avez	cousu
ils	cousent	ils ont	cousu

Imparfait		Plus-que-parfait	
je	cousais	j' avais	cousu
tu	cousais	tu avais	cousu
il	cousait	il avait	cousu
nous	cousions	n. avions	cousu
vous	cousiez	v. aviez	cousu
ils	cousaient	ils avaient	cousu

Passé simple		Passé antérieur	
je	cousis	j' eus	cousu
tu	cousis	tu eus	cousu
il	cousit	il eut	cousu
nous	cousîmes	n. eûmes	cousu
vous	cousîtes	v. eûtes	cousu
ils	cousirent	ils eurent	cousu

Futur simple		Futur antérieur	
je	coudrai	j' aurai	cousu
tu	coudras	tu auras	cousu
il	coudra	il aura	cousu
nous	coudrons	n. aurons	cousu
vous	coudrez	v. aurez	cousu
ils	coudront	ils auront	cousu

SUBJONCTIF

Présent	Passé	
que je couse	que j' aie	cousu
que tu couses	que tu aies	cousu
qu'il couse	qu'il ait	cousu
que n. cousions	que n. ayons	cousu
que v. cousiez	que v. ayez	cousu
qu'ils cousent	qu'ils aient	cousu

Imparfait	Plus-que-parfait	
que je cousisse	que j' eusse	cousu
que tu cousisses	que tu eusses	cousu
qu'il cousît	qu'il eût	cousu
que n. cousissions	que n. eussions	cousu
que v. cousissiez	que v. eussiez	cousu
qu'ils cousissent	qu'ils eussent	cousu

IMPÉRATIF

Présent	Passé	
couds	aie	cousu
cousons	ayons	cousu
cousez	ayez	cousu

CONDITIONNEL

Présent		Passé 1re forme	
je	coudrais	j' aurais	cousu
tu	coudrais	tu aurais	cousu
il	coudrait	il aurait	cousu
n.	coudrions	n. aurions	cousu
v.	coudriez	v. auriez	cousu
ils	coudraient	ils auraient	cousu

Passé 2e forme		
j'	eusse	cousu
tu	eusses	cousu
il	eût	cousu
n.	eussions	cousu
v.	eussiez	cousu
ils	eussent	cousu

INFINITIF

Présent	Passé
coudre	avoir cousu

PARTICIPE

Présent	Passé
cousant	cousu, ue
	ayant cousu

Ainsi se conjuguent **découdre, recoudre.**

INDICATIF

Présent		*Passé composé*	
je	mouds	j' ai	moulu
tu	mouds	tu as	moulu
il	moud	il a	moulu
nous	moulons	n. avons	moulu
vous	moulez	v. avez	moulu
ils	moulent	ils ont	moulu

Imparfait		*Plus-que-parfait*	
je	moulais	j' avais	moulu
tu	moulais	tu avais	moulu
il	moulait	il avait	moulu
nous	moulions	n. avions	moulu
vous	mouliez	v. aviez	moulu
ils	moulaient	ils avaient	moulu

Passé simple		*Passé antérieur*	
je	moulus	j' eus	moulu
tu	moulus	tu eus	moulu
il	moulut	il eut	moulu
nous	moulûmes	n. eûmes	moulu
vous	moulûtes	v. eûtes	moulu
ils	moulurent	ils eurent	moulu

Futur simple		*Futur antérieur*	
je	moudrai	j' aurai	moulu
tu	moudras	tu auras	moulu
il	moudra	il aura	moulu
nous	moudrons	n. aurons	moulu
vous	moudrez	v. aurez	moulu
ils	moudront	ils auront	moulu

SUBJONCTIF

Présent	*Passé*	
que je moule	que j' aie	moulu
que tu moules	que tu aies	moulu
qu'il moule	qu'il ait	moulu
que n. moulions	que n. ayons	moulu
que v. mouliez	que v. ayez	moulu
qu'ils moulent	qu'ils aient	moulu

Imparfait	*Plus-que-parfait*	
que je moulusse	que j' eusse	moulu
que tu moulusses	que tu eusses	moulu
qu'il moulût	qu'il eût	moulu
que n. moulussions	que n. eussions	moulu
que v. moulussiez	que v. eussiez	moulu
qu'ils moulussent	qu'ils eussent	moulu

IMPÉRATIF

Présent	*Passé*	
mouds	aie	moulu
moulons	ayons	moulu
moulez	ayez	moulu

CONDITIONNEL

Présent	*Passé 1re forme*	
je moudrais	j' aurais	moulu
tu moudrais	tu aurais	moulu
il moudrait	il aurait	moulu
n. moudrions	n. aurions	moulu
v. moudriez	v. auriez	moulu
ils moudraient	ils auraient	moulu

Passé 2e forme	
j' eusse	moulu
tu eusses	moulu
il eût	moulu
n. eussions	moulu
v. eussiez	moulu
ils eussent	moulu

INFINITIF

Présent	*Passé*
moudre	avoir moulu

PARTICIPE

Présent	*Passé*
moulant	moulu, ue
	ayant moulu

75 VERBE **SUIVRE**

INDICATIF

Présent

je	suis
tu	suis
il	suit
nous	suivons
vous	suivez
ils	suivent

Passé composé

j'	ai	suivi
tu	as	suivi
il	a	suivi
n.	avons	suivi
v.	avez	suivi
ils	ont	suivi

Imparfait

je	suivais
tu	suivais
il	suivait
nous	suivions
vous	suiviez
ils	suivaient

Plus-que-parfait

j'	avais	suivi
tu	avais	suivi
il	avait	suivi
n.	avions	suivi
v.	aviez	suivi
ils	avaient	suivi

Passé simple

je	suivis
tu	suivis
il	suivit
nous	suivîmes
vous	suivîtes
ils	suivirent

Passé antérieur

j'	eus	suivi
tu	eus	suivi
il	eut	suivi
n.	eûmes	suivi
v.	eûtes	suivi
ils	eurent	suivi

Futur simple

je	suivrai
tu	suivras
il	suivra
nous	suivrons
vous	suivrez
ils	suivront

Futur antérieur

j'	aurai	suivi
tu	auras	suivi
il	aura	suivi
n.	aurons	suivi
v.	aurez	suivi
ils	auront	suivi

SUBJONCTIF

Présent

que je	suive
que tu	suives
qu'il	suive
que n.	suivions
que v.	suiviez
qu'ils	suivent

Passé

que j'	aie	suivi
que tu	aies	suivi
qu'il	ait	suivi
que n.	ayons	suivi
que v.	ayez	suivi
qu'ils	aient	suivi

Imparfait

que je	suivisse
que tu	suivisses
qu'il	suivît
que n.	suivissions
que v.	suivissiez
qu'ils	suivissent

Plus-que-parfait

que j'	eusse	suivi
que tu	eusses	suivi
qu'il	eût	suivi
que n.	eussions	suivi
que v.	eussiez	suivi
qu'ils	eussent	suivi

IMPÉRATIF

Présent

suis
suivons
suivez

Passé

aie suivi
ayons suivi
ayez suivi

CONDITIONNEL

Présent

je	suivrais
tu	suivrais
il	suivrait
n.	suivrions
v.	suivriez
ils	suivraient

Passé 1re forme

j'	aurais	suivi
tu	aurais	suivi
il	aurait	suivi
n.	aurions	suivi
v.	auriez	suivi
ils	auraient	suivi

Passé 2e forme

j'	eusse	suivi
tu	eusses	suivi
il	eût	suivi
n.	eussions	suivi
v.	eussiez	suivi
ils	eussent	suivi

INFINITIF

Présent

suivre

Passé

avoir suivi

PARTICIPE

Présent

suivant

Passé

suivi, ie
ayant suivi

Ainsi se conjuguent **s'ensuivre** (auxiliaire **être**) et **poursuivre**.

INDICATIF

Présent

je	vis
tu	vis
il	vit
nous	vivons
vous	vivez
ils	vivent

Passé composé

j'	ai	vécu
tu	as	vécu
il	a	vécu
n.	avons	vécu
v.	avez	vécu
ils	ont	vécu

Imparfait

je	vivais
tu	vivais
il	vivait
nous	vivions
vous	viviez
ils	vivaient

Plus-que-parfait

j'	avais	vécu
tu	avais	vécu
il	avait	vécu
n.	avions	vécu
v.	aviez	vécu
ils	avaient	vécu

Passé simple

je	vécus
tu	vécus
il	vécut
nous	vécûmes
vous	vécûtes
ils	vécurent

Passé antérieur

j'	eus	vécu
tu	eus	vécu
il	eut	vécu
n.	eûmes	vécu
v.	eûtes	vécu
ils	eurent	vécu

Futur simple

je	vivrai
tu	vivras
il	vivra
nous	vivrons
vous	vivrez
ils	vivront

Futur antérieur

j'	aurai	vécu
tu	auras	vécu
il	aura	vécu
n.	aurons	vécu
v.	aurez	vécu
ils	auront	vécu

SUBJONCTIF

Présent

que je	vive
que tu	vives
qu'il	vive
que n.	vivions
que v.	viviez
qu'ils	vivent

Passé

que j'	aie	vécu
que tu	aies	vécu
qu'il	ait	vécu
que n.	ayons	vécu
que v.	ayez	vécu
qu'ils	aient	vécu

Imparfait

que je	vécusse
que tu	vécusses
qu'il	vécût
que n.	vécussions
que v.	vécussiez
qu'ils	vécussent

Plus-que-parfait

que j'	eusse	vécu
que tu	eusses	vécu
qu'il	eût	vécu
que n.	eussions	vécu
que v.	eussiez	vécu
qu'ils	eussent	vécu

IMPÉRATIF

Présent

vis
vivons
vivez

Passé

aie	vécu
ayons	vécu
ayez	vécu

CONDITIONNEL

Présent

je	vivrais
tu	vivrais
il	vivrait
n.	vivrions
v.	vivriez
ils	vivraient

Passé 1re forme

j'	aurais	vécu
tu	aurais	vécu
il	aurait	vécu
n.	aurions	vécu
v.	auriez	vécu
ils	auraient	vécu

Passé 2e forme

j'	eusse	vécu
tu	eusses	vécu
il	eût	vécu
n.	eussions	vécu
v.	eussiez	vécu
ils	eussent	vécu

INFINITIF

Présent

vivre

Passé

avoir vécu

PARTICIPE

Présent

vivant

Passé

vécu
ayant vécu

Ainsi se conjuguent **revivre** et **survivre**.

77 VERBE LIRE

INDICATIF

Présent		Passé composé	
je	lis	j' ai	lu
tu	lis	tu as	lu
il	lit	il a	lu
nous	lisons	n. avons	lu
vous	lisez	v. avez	lu
ils	lisent	ils ont	lu

Imparfait		Plus-que-parfait	
je	lisais	j' avais	lu
tu	lisais	tu avais	lu
il	lisait	il avait	lu
nous	lisions	n. avions	lu
vous	lisiez	v. aviez	lu
ils	lisaient	ils avaient	lu

Passé simple		Passé antérieur	
je	lus	j' eus	lu
tu	lus	tu eus	lu
il	lut	il eut	lu
nous	lûmes	n. eûmes	lu
vous	lûtes	v. eûtes	lu
ils	lurent	ils eurent	lu

Futur simple		Futur antérieur	
je	lirai	j' aurai	lu
tu	liras	tu auras	lu
il	lira	il aura	lu
nous	lirons	n. aurons	lu
vous	lirez	v. aurez	lu
ils	liront	ils auront	lu

SUBJONCTIF

Présent	Passé	
que je lise	que j' aie	lu
que tu lises	que tu aies	lu
qu'il lise	qu'il ait	lu
que n. lisions	que n. ayons	lu
que v. lisiez	que v. ayez	lu
qu'ils lisent	qu'ils aient	lu

Imparfait	Plus-que-parfait	
que je lusse	que j' eusse	lu
que tu lusses	que tu eusses	lu
qu'il lût	qu'il eût	lu
que n. lussions	que n. eussions	lu
que v. lussiez	que v. eussiez	lu
qu'ils lussent	qu'ils eussent	lu

IMPÉRATIF

Présent	Passé	
lis	aie	lu
lisons	ayons	lu
lisez	ayez	lu

CONDITIONNEL

Présent		Passé 1re forme	
je	lirais	j' aurais	lu
tu	lirais	tu aurais	lu
il	lirait	il aurait	lu
n.	lirions	n. aurions	lu
v.	liriez	v. auriez	lu
ils	liraient	ils auraient	lu

Passé 2e forme		
j'	eusse	lu
tu	eusses	lu
il	eût	lu
n.	eussions	lu
v.	eussiez	lu
ils	eussent	lu

INFINITIF

Présent	Passé
lire	avoir lu

PARTICIPE

Présent	Passé
lisant	lu, lue
	ayant lu

Ainsi se conjuguent **élire, réélire, relire.**

INDICATIF

Présent		**Passé composé**	
je	dis	j'	ai dit
tu	dis	tu	as dit
il	dit	il	a dit
nous	disons	n.	avons dit
vous	*dites*	v.	avez dit
ils	disent	ils	ont dit

Imparfait		**Plus-que-parfait**	
je	disais	j'	avais dit
tu	disais	tu	avais dit
il	disait	il	avait dit
nous	disions	n.	avions dit
vous	disiez	v.	aviez dit
ils	disaient	ils	avaient dit

Passé simple		**Passé antérieur**	
je	dis	j'	eus dit
tu	dis	tu	eus dit
il	dit	il	eut dit
nous	dîmes	n.	eûmes dit
vous	dîtes	v.	eûtes dit
ils	dirent	ils	eurent dit

Futur simple		**Futur antérieur**	
je	dirai	j'	aurai dit
tu	diras	tu	auras dit
il	dira	il	aura dit
nous	dirons	n.	aurons dit
vous	direz	v.	aurez dit
ils	diront	ils	auront dit

SUBJONCTIF

Présent		**Passé**	
que je	dise	que j'	aie dit
que tu	dises	que tu	aies dit
qu'il	dise	qu'il	ait dit
que n.	disions	que n.	ayons dit
que v.	disiez	que v.	ayez dit
qu'ils	disent	qu'ils	aient dit

Imparfait		**Plus-que-parfait**	
que je	disse	que j'	eusse dit
que tu	disses	que tu	eusses dit
qu'il	dît	qu'il	eût dit
que n.	dissions	que n.	eussions dit
que v.	dissiez	que v.	eussiez dit
qu'ils	dissent	qu'ils	eussent dit

IMPÉRATIF

Présent	**Passé**	
dis	aie	dit
disons	ayons	dit
dites	ayez	dit

CONDITIONNEL

Présent		**Passé 1ʳᵉ forme**	
je	dirais	j'	aurais dit
tu	dirais	tu	aurais dit
il	dirait	il	aurait dit
n.	dirions	n.	aurions dit
v.	diriez	v.	auriez dit
ils	diraient	ils	auraient dit

Passé 2ᵉ forme	
j'	eusse dit
tu	eusses dit
il	eût dit
n.	eussions dit
v.	eussiez dit
ils	eussent dit

INFINITIF

Présent	**Passé**
dire	avoir dit

PARTICIPE

Présent	**Passé**
disant	dit, ite
	ayant dit

Ainsi se conjugue **redire**. Tous les autres composés de *dire* (page 103) ont au présent de l'indicatif et de l'impératif les formes : *(vous) contredisez, dédisez, interdisez, médisez, prédisez.* Quant à **maudire** il se conjugue sur **finir** : *nous maudissons, vous maudissez, ils maudissent, je maudissais,* etc., *maudissant,* sauf au participe passé : *maudit, ite.*

INDICATIF

Présent			Passé composé		
je	ris		j'	ai	ri
tu	ris		tu	as	ri
il	rit		il	a	ri
nous	rions		n.	avons	ri
vous	riez		v.	avez	ri
ils	rient		ils	ont	ri

Imparfait			Plus-que-parfait		
je	riais		j'	avais	ri
tu	riais		tu	avais	ri
il	riait		il	avait	ri
nous	riions		n.	avions	ri
vous	riiez		v.	aviez	ri
ils	riaient		ils	avaient	ri

Passé simple			Passé antérieur		
je	ris		j'	eus	ri
tu	ris		tu	eus	ri
il	rit		il	eut	ri
nous	rîmes		n.	eûmes	ri
vous	rîtes		v.	eûtes	ri
ils	rirent		ils	eurent	ri

Futur simple			Futur antérieur		
je	rirai		j'	aurai	ri
tu	riras		tu	auras	ri
il	rira		il	aura	ri
nous	rirons		n.	aurons	ri
vous	rirez		v.	aurez	ri
ils	riront		ils	auront	ri

SUBJONCTIF

Présent		Passé		
que je rie		que j'	aie	ri
que tu ries		que tu	aies	ri
qu'il rie		qu'il	ait	ri
que n. riions		que n.	ayons	ri
que v. riiez		que v.	ayez	ri
qu'ils rient		qu'ils	aient	ri

Imparfait (rare)		Plus-que-parfait		
que je risse		que j'	eusse	ri
que tu risses		que tu	eusses	ri
qu'il rît		qu'il	eût	ri
que n. rissions		que n.	eussions	ri
que v. rissiez		que v.	eussiez	ri
qu'ils rissent		qu'ils	eussent	ri

IMPÉRATIF

Présent	Passé	
ris	aie	ri
rions	ayons	ri
riez	ayez	ri

CONDITIONNEL

Présent		Passé 1re forme		
je	rirais	j'	aurais	ri
tu	rirais	tu	aurais	ri
il	rirait	il	aurait	ri
n.	ririons	n.	aurions	ri
v.	ririez	v.	auriez	ri
ils	riraient	ils	auraient	ri

	Passé 2e forme		
	j'	eusse	ri
	tu	eusses	ri
	il	eût	ri
	n.	eussions	ri
	v.	eussiez	ri
	ils	eussent	ri

INFINITIF

Présent	Passé
rire	avoir ri

PARTICIPE

Présent	Passé
riant	ri
	ayant ri

Remarquer les deux **i** de suite aux deux premières personnes du pluriel de l'imparfait de l'indicatif et du présent du subjonctif. Ainsi se conjugue **sourire**.

INDICATIF

Présent		Passé composé	
j'	é cris	j' ai	écrit
tu	é cris	tu as	écrit
il	é crit	il a	écrit
nous	é crivons	n. avons	écrit
vous	é crivez	v. avez	écrit
ils	é crivent	ils ont	écrit

Imparfait		Plus-que-parfait	
j'	é crivais	j' avais	écrit
tu	é crivais	tu avais	écrit
il	é crivait	il avait	écrit
nous	é crivions	n. avions	écrit
vous	é criviez	v. aviez	écrit
ils	é crivaient	ils avaient	écrit

Passé simple		Passé antérieur	
j'	é crivis	j' eus	écrit
tu	é crivis	tu eus	écrit
il	é crivit	il eut	écrit
nous	é crivîmes	n. eûmes	écrit
vous	é crivîtes	v. eûtes	écrit
ils	é crivirent	ils eurent	écrit

Futur simple		Futur antérieur	
j'	é crirai	j' aurai	écrit
tu	é criras	tu auras	écrit
il	é crira	il aura	écrit
nous	é crirons	n. aurons	écrit
vous	é crirez	v. aurez	écrit
ils	é criront	ils auront	écrit

SUBJONCTIF

Présent		Passé	
que j'	é crive	que j' aie	écrit
que tu	é crives	que tu aies	écrit
qu'il	é crive	qu'il ait	écrit
que n.	é crivions	que n. ayons	écrit
que v.	é criviez	que v. ayez	écrit
qu'ils	é crivent	qu'ils aient	écrit

Imparfait		Plus-que-parfait	
que j'	é crivisse	que j' eusse	écrit
que tu	é crivisses	que tu eusses	écrit
qu'il	é crivît	qu'il eût	écrit
que n.	é crivissions	que n. eussions	écrit
que v.	é crivissiez	que v. eussiez	écrit
qu'ils	é crivissent	qu'ils eussent	écrit

IMPÉRATIF

Présent	Passé	
é cris	aie	écrit
é crivons	ayons	écrit
é crivez	ayez	écrit

CONDITIONNEL

Présent		Passé 1re forme	
j'	é crirais	j'	aurais écrit
tu	é crirais	tu	aurais écrit
il	é crirait	il	aurait écrit
n.	é cririons	n.	aurions écrit
v.	é criviez	v.	auriez écrit
ils	é criraient	ils	auraient écrit

Passé 2e forme		
j'	eusse	écrit
tu	eusses	écrit
il	eût	écrit
n.	eussions	écrit
v.	eussiez	écrit
ils	eussent	écrit

INFINITIF

Présent	Passé
é crire	avoir écrit

PARTICIPE

Présent	Passé
é crivant	écrit, ite
	ayant écrit

Ainsi se conjuguent **récrire, décrire** et tous les composés en **-scrire** (page 103).

INDICATIF

Présent

je	confis
tu	confis
il	confit
nous	confisons
vous	confisez
ils	confisent

Passé composé

j'	ai	confit
tu	as	confit
il	a	confit
n.	avons	confit
v.	avez	confit
ils	ont	confit

Imparfait

je	confisais
tu	confisais
il	confisait
nous	confisions
vous	confisiez
ils	confisaient

Plus-que-parfait

j'	avais	confit
tu	avais	confit
il	avait	confit
n.	avions	confit
v.	aviez	confit
ils	avaient	confit

Passé simple

je	confis
tu	confis
il	confit
nous	confîmes
vous	confîtes
ils	confirent

Passé antérieur

j'	eus	confit
tu	eus	confit
il	eut	confit
n.	eûmes	confit
v.	eûtes	confit
ils	eurent	confit

Futur simple

je	confirai
tu	confiras
il	confira
nous	confirons
vous	confirez
ils	confiront

Futur antérieur

j'	aurai	confit
tu	auras	confit
il	aura	confit
n.	aurons	confit
v.	aurez	confit
ils	auront	confit

SUBJONCTIF

Présent

que je	confise
que tu	confises
qu'il	confise
que n.	confisions
que v.	confisiez
qu'ils	confisent

Passé

que j'	aie	confit
que tu	aies	confit
qu'il	ait	confit
que n.	ayons	confit
que v.	ayez	confit
qu'ils	aient	confit

Imparfait

que je	confisse
que tu	confisses
qu'il	confît
que n.	confissions
que v.	confissiez
qu'ils	confissent

Plus-que-parfait

que j'	eusse	confit
que tu	eusses	confit
qu'il	eût	confit
que n.	eussions	confit
que v.	eussiez	confit
qu'ils	eussent	confit

IMPÉRATIF

Présent

confis
confisons
confisez

Passé

aie	confit
ayons	confit
ayez	confit

CONDITIONNEL

Présent

je	confirais
tu	confirais
il	confirait
n.	confirions
v.	confiriez
ils	confiraient

Passé 1re forme

j'	aurais	confit
tu	aurais	confit
il	aurait	confit
n.	aurions	confit
v.	auriez	confit
ils	auraient	confit

Passé 2e forme

j'	eusse	confit
tu	eusses	confit
il	eût	confit
n.	eussions	confit
v.	eussiez	confit
ils	eussent	confit

INFINITIF

Présent

confire

Passé

avoir confit

PARTICIPE

Présent

confisant

Passé

confit, ite
ayant confit

Ainsi se conjuguent **déconfire, suffire, circoncire, frire.** Noter les participes passés *suffi* (invariable), *circoncis, ise*. Quant à **frire** verbe défectif, voir la note à ce verbe (page 134).

INDICATIF

Présent

je	cuis
tu	cuis
il	cuit
nous	cuisons
vous	cuisez
ils	cuisent

Passé composé

j'	ai	cuit
tu	as	cuit
il	a	cuit
n.	avons	cuit
v.	avez	cuit
ils	ont	cuit

Imparfait

je	cuisais
tu	cuisais
il	cuisait
nous	cuisions
vous	cuisiez
ils	cuisaient

Plus-que-parfait

j'	avais	cuit
tu	avais	cuit
il	avait	cuit
n.	avions	cuit
v.	aviez	cuit
ils	avaient	cuit

Passé simple

je	cuisis
tu	cuisis
il	cuisit
nous	cuisîmes
vous	cuisîtes
ils	cuisirent

Passé antérieur

j'	eus	cuit
tu	eus	cuit
il	eut	cuit
n.	eûmes	cuit
v.	eûtes	cuit
ils	eurent	cuit

Futur simple

je	cuirai
tu	cuiras
il	cuira
nous	cuirons
vous	cuirez
ils	cuiront

Futur antérieur

j'	aurai	cuit
tu	auras	cuit
il	aura	cuit
n.	aurons	cuit
v.	aurez	cuit
ils	auront	cuit

SUBJONCTIF

Présent

que je	cuise
que tu	cuises
qu'il	cuise
que n.	cuisions
que v.	cuisiez
qu'ils	cuisent

Passé

que j'	aie	cuit
que tu	aies	cuit
qu'il	ait	cuit
que n.	ayons	cuit
que v.	ayez	cuit
qu'ils	aient	cuit

Imparfait

que je	cuisisse
que tu	cuisisses
qu'il	cuisît
que n.	cuisissions
que v.	cuisissiez
qu'ils	cuisissent

Plus-que-parfait

que j'	eusse	cuit
que tu	eusses	cuit
qu'il	eût	cuit
que n.	eussions	cuit
que v.	eussiez	cuit
qu'ils	eussent	cuit

IMPÉRATIF

Présent

cuis
cuisons
cuisez

Passé

aie	cuit
ayons	cuit
ayez	cuit

CONDITIONNEL

Présent

je	cuirais
tu	cuirais
il	cuirait
n.	cuirions
v.	cuiriez
ils	cuiraient

Passé 1re forme

j'	aurais	cuit
tu	aurais	cuit
il	aurait	cuit
n.	aurions	cuit
v.	auriez	cuit
ils	auraient	cuit

Passé 2e forme

j'	eusse	cuit
tu	eusses	cuit
il	eût	cuit
n.	eussions	cuit
v.	eussiez	cuit
ils	eussent	cuit

INFINITIF

Présent

cuire

Passé

avoir cuit

PARTICIPE

Présent

cuisant

Passé

cuit, uite
ayant cuit

Ainsi se conjuguent **conduire, construire, luire, nuire** et leurs composés (page 103). Noter les participes passés invariables *lui, nui*.

LISTE ALPHABÉTIQUE DE TOUS LES VERBES DU 3ᵉ GROUPE

23 tenir
abstenir (s')
appartenir
contenir
détenir
entretenir
maintenir
obtenir
retenir
soutenir
venir
advenir
circonvenir
contrevenir
convenir
devenir
disconvenir
intervenir
obvenir
parvenir
prévenir
provenir
redevenir
ressouvenir (se)
revenir
souvenir (se)
subvenir
survenir

24 acquérir
conquérir
enquérir (s')
quérir
reconquérir
requérir

25 sentir
consentir
pressentir
ressentir
mentir
démentir
partir
départir
repartir
repentir (se)
sortir
ressortir

26 vêtir
dévêtir
revêtir

27 couvrir
découvrir
recouvrir
ouvrir
entrouvrir
rentrouvrir
rouvrir
offrir
souffrir

28 cueillir
accueillir
recueillir

29 assaillir
saillir
tressaillir

30 faillir
défaillir

31 bouillir
débouillir
rebouillir

32 dormir
endormir
redormir
rendormir

33 courir
accourir
concourir
discourir
encourir
parcourir
recourir
secourir

34 mourir

35 servir
desservir
resservir
(asservir 19)

36 fuir
enfuir (s')
refuir

37 ouïr
gésir

38 recevoir
apercevoir
concevoir
décevoir
percevoir

39 voir
entrevoir
prévoir
revoir

40 pourvoir
dépourvoir

41 savoir
resavoir

42 devoir
redevoir

43 pouvoir
44 mouvoir
émouvoir
promouvoir

45 pleuvoir
repleuvoir

46 falloir
47 valoir
équivaloir
prévaloir
revaloir

48 vouloir
49 asseoir
rasseoir

50 seoir
messeoir

51 surseoir
52 choir
déchoir
échoir

53 rendre
1 *défendre*
descendre
condescendre
redescendre
fendre
pourfendre
refendre
pendre
appendre
dépendre
rependre
suspendre

tendre
attendre
détendre
distendre
entendre
étendre
prétendre
retendre
sous-entendre
sous-tendre
vendre
mévendre
revendre
2 *épandre*
répandre
3 *fondre*
confondre
morfondre (se)
parfondre
refondre
pondre
répondre
correspondre
tondre
retondre
4 *perdre*
reperdre
5 *mordre*
démordre
remordre
tordre
détordre
distordre
retordre
6 *rompre*
corrompre
interrompre

54 prendre
apprendre
comprendre
déprendre
désapprendre
entreprendre
éprendre (s')
méprendre (se)
réapprendre
reprendre
surprendre

classés dans l'ordre des tableaux de conjugaison où se trouve entièrement conjugué soit le verbe lui-même, soit le verbe type (en gras) qui lui sert de modèle, à l'auxiliaire près.

55	**battre**	58	**joindre**	66	**paître**	79	**rire**
	abattre		adjoindre		repaître		sourire
	combattre		conjoindre	67	**croître**	80	**écrire**
	contre-battre		disjoindre		accroître		circonscrire
	débattre		enjoindre		décroître		décrire
	ébattre (s')		rejoindre		recroître		inscrire
	embatre		*oindre*	68	**croire**		prescrire
	rabattre		*poindre*		accroire		proscrire
	rebattre	59	**craindre**	69	**boire**		récrire
56	**mettre**		*contraindre*		emboire		réinscrire
	admettre		*plaindre*	70	**clore**		retranscrire
	commettre	60	**vaincre**		déclore		souscrire
	compromettre		convaincre		éclore		transcrire
	démettre	61	**traire**		enclore	81	**confire**
	émettre		abstraire		forclore		déconfire
	entremettre (s')		distraire	71	**conclure**		*circoncire*
	omettre		extraire		exclure		*frire*
	permettre		retraire		inclure		*suffire*
	promettre		soustraire		occlure	82	**cuire**
	réadmettre		*braire*		reclure		recuire
	remettre	62	**faire**	72	**absoudre**		*conduire*
	retransmettre		contrefaire		dissoudre		déduire
	soumettre		défaire		résoudre		éconduire
	transmettre		forfaire	73	**coudre**		enduire
57	**peindre**		malfaire		découdre		induire
	dépeindre		méfaire		recoudre		introduire
	repeindre		parfaire	74	**moudre**		produire
	astreindre		redéfaire		émoudre		reconduire
	étreindre		refaire		remoudre		réduire
	restreindre		satisfaire	75	**suivre**		réintroduire
	atteindre		surfaire		ensuivre (s')		renduire
	aveindre	63	**plaire**		poursuivre		reproduire
	ceindre		complaire	76	**vivre**		retraduire
	enceindre		déplaire		revivre		séduire
	empreindre		*taire*		survivre		traduire
	épreindre	64	**connaitre**	77	**lire**		*construire*
	enfreindre		méconnaître		élire		détruire
	feindre		reconnaître		réélire		instruire
	geindre		*paraître*		relire		reconstruire
	teindre		apparaître	78	**dire**		*luire*
	déteindre		comparaître		contredire		entre-luire
	éteindre		disparaître		dédire		reluire
	reteindre		réapparaître		interdire		*nuire*
			recomparaître		(maudire 19)		entre-nuire (s')
			reparaître		médire		
			transparaître		prédire		
		65	**naître**		redire		
			renaître				

ABRÉVIATIONS ET SIGNES
DE LA LISTE ALPHABÉTIQUE

Le **numéro** placé à la suite de chacun des verbes de la liste alphabétique renvoie au tableau de conjugaison où se trouve le verbe modèle qui sert à le conjuguer. Chaque verbe type apparaît en gras dans cette liste.

Ex. : Cliqueter, i... 11 : à conjuguer sur **jeter,** tableau n° 11.

Les appels de notes renvoient aux remarques de bas de pages qui signalent les singularités de l'usage, notamment les points sur lesquels le verbe s'écarte de la conjugaison type.

rég. ou rg.   régulier, c'est-à-dire uniquement :
               verbe en **-er** se conjuguant sur **aimer** (tableau 6);
               verbe en **-ir** se conjuguant sur **finir** (tableau 19).

    t.   transitif direct.
    ti.   transitif indirect.
    i.   intransitif.
   pr.   pronominal.
  déf.   défectif.

   ★   Les verbes *précédés d'un astérisque* ont vieilli ou ils appartiennent à la langue populaire et sont à éviter.

   ◆   Les verbes intransitifs affectés de ce signe peuvent se conjuguer avec l'auxiliaire *avoir* ou *être* (voir ci-dessous nota 3).

Nota. Pour l'emploi de l'auxiliaire **avoir** ou **être** on observera la règle suivante :
1. Se conjuguent avec l'auxiliaire **avoir** :
-   tous les verbes transitifs (directs ou indirects) à la forme active,
-   les verbes intransitifs qui ne sont suivis d'aucune mention particulière; c'est le plus grand nombre.
2. Se conjuguent avec l'auxiliaire **être** :
-   tous les verbes pronominaux;
-   tous les verbes transitifs à la forme passive;
-   les verbes intransitifs suivis de la mention (auxiliaire être).
Ex. : Venir, i. (auxiliaire être); on doit dire *je suis venu* et non *j'ai venu.*
3. Se conjuguent tantôt avec l'auxiliaire **être** et tantôt avec l'auxiliaire **avoir** les verbes intransitifs qui sont suivis du signe ◆. Ex. : divorcer, i. ◆; on dira suivant le cas, *il a divorcé* ou *il est divorcé.* D'ordinaire l'auxiliaire **avoir** exprime l'action, l'auxiliaire **être** indique le résultat de cette action.

HATIER

DICTIONNAIRES

CLASSIQUES

français-grec
par un groupe de professeurs

grec-français
par Ch. Georgin

français-latin
par E. Decahors

latin-français
par A. Gariel

FRANÇAIS

Format 9,5 × 14 cm
dictionnaire essentiel de la langue française
par Azed

Format 11,5 × 16,5 cm
nouveau dictionnaire Hatier

3
Liste alphabétique
des verbes usuels

(avec renvois aux tableaux des verbes types)

a

1 Absoudre. Le participe passé *absous, absoute* a éliminé un ancien participe passé *absolu* qui s'est conservé comme adjectif au sens de : *complet, sans restriction.* Bien qu'admis par Littré, le passé simple *j'absolus* ne s'emploie pas.

2 Accourir se construit indifféremment avec **être** ou **avoir** sans que l'on distingue l'action elle-même de son résultat : *j'ai accouru* ou *je suis accouru.*

3 Accroire ne s'emploie plus guère qu'à l'infinitif dans l'expression *en faire accroire* au sens d'*essayer de tromper.*

4 Accroître se conjugue comme croître mais, comme il n'a pas à redouter les confusions avec croire, il ne prend pas l'accent circonflexe aux formes suivantes : *j'accrois, tu accrois, j'accrus, tu accrus, il accrut, ils accrurent, que j'accrusse..., accru.*

5 Acquérir. Ne pas confondre le participe substantivé **acquis** *(avoir de l'acquis)* avec le substantif verbal **acquit** de acquitter *(par acquit, pour acquit).*

1 **Advenir** n'est employé qu'à la 3ᵉ personne du singulier et du pluriel; les temps composés se forment avec l'auxiliaire être : *il est advenu*.

1 Apparaître, selon les grammairiens et l'Académie, se construit, comme *disparaître,* indifféremment avec l'auxiliaire **être** ou **avoir** : *Les spectres lui* **ont** *apparu* ou *lui* **sont** *apparus* (Ac.). Il semble cependant préférable d'employer **avoir** si l'on considère l'action : *Les patriarches lui dressèrent des autels en certains endroits où il leur* **avait** *apparu* (Massillon); **être** si l'on considère le résultat : *Elle* **m'est** *apparue avec trop d'avantage* (Racine). Mais l'usage tend à généraliser l'auxiliaire **être,** même quand on considère uniquement l'action : *Cet homme* **m'est** *apparu au moment où je le croyais bien loin* (Ac.).

---

1 **Apparoir,** terme employé surtout au Palais de Justice *(être évident, résulter)*, n'est plus usité qu'à l'infinitif et à la 3e personne du singulier de l'indicatif présent : *il appert.*

2 **Asservir** se conjugue régulièrement sur **finir** et non sur **servir.**

3 **Assortir** se conjugue régulièrement sur **finir** et non sur **sortir.**

1 Avérer signifiant *reconnaître pour vrai, vérifier,* ne s'emploie guère qu'à l'infinitif et au participe passé : *le fait est avéré.* La forme pronominale **s'avérer** se conjugue complètement mais on constate un glissement de sens de *se révéler vrai* à *se révéler* qui, en dépit des réticences des puristes, s'impose de plus en plus : *la résistance s'avéra inutile.*

2 Bailler et **bâiller** prêtent souvent à confusion.

Bâiller, avec un accent circonflexe sur l'**a,** signifie *ouvrir involontairement la bouche de faim, de fatigue ou d'ennui : on bâille souvent en voyant bâiller les autres.* Il signifie aussi *s'entrouvrir, être mal joint : cette croisée bâille;* dans ce sens il s'est substitué à **bayer,** tombé en désuétude.

Bailler, sans accent sur l'**a,** est un vieux terme de pratique qui signifie *donner, fournir, livrer : bailler à terme, bailler par contrat.* On dit aussi : *la bailler belle* au sens de : *en faire accroire;* à noter que dans cette expression le participe passé reste invariable : *il me l'a* **baillé** *belle.*

	n°		n°		n°
baliverner, i. rég.	6	bastionner, t. rég.	6	bétonner, t. rég.	6
baller, i. rég.	6	★ bastringuer, i. rég.	6	beugler, i. rég.	6
ballonner, t. rég.	6	batailler, i. rég.	6	beurrer, t. rég.	6
ballotter, t. rég.	6	bateler, t. et i.	11	biaiser, i. rég.	6
balustrer, t. rég.	6	bâter, t. rég.	6	bibeloter, i. rég.	6
★ bambocher, i. rég.	6	batifoler, i. rég.	6	biberonner, i. rég.	6
banaliser, t. rég.	6	bâtir, t. rég.	19	bichonner, t. rég.	6
bancher, t. rég.	6	bâtonner, t. rég.	6	bienvenir (inf. seul).	
bander, t. rég.	6	**battre,** t.	55	biffer, t. rég.	6
banner, t. rég.	6	bauger, i.	8	bifurquer, i. rég.	6
bannir, t. rég.	19	bavarder, i. rég.	6	bigarrer, t. rég.	6
banqueter, i.	11	baver, i.	6	bigorner, t. rég.	6
baptiser, t. rég.	6	bavocher, i. rég.	6	★ biler (se), pr. rég.	6
baqueter, t.	11	bayer, i. déf. **1**		biner, t. rég.	6
baragouiner, t. rég.	6	★ bazarder, t. rég.	6	biqueter, i.	11
baraquer, t. rég.	6	béatifier, t.	15	biscuiter, t. rég.	6
★ baratiner, i. rég.	6	bêcher, t. rég.	6	biseauter, t. rég.	6
baratter, t. rég.	6	bécoter, t. rég.	6	biser, t. rég.	6
★ barber, t. rég.	6	becqueter, t.	11	★ bisquer, i. rég.	6
★ barbifier, t.	15	★ bedonner, i. rég.	6	bisser, t. rég.	6
barboter, i. rég.	6	béer, i. déf. **1**		bistourner, t. rég.	6
barbouiller, t. rég.	6	bégayer, i.	16	bistrer, t. rég.	6
barder, t. rég.	6	bégueter, i.	12	bitumer, t. rég.	6
baréter, i.	10	bêler, i. rég.	6	bivouaquer, i. rég.	6
barguigner, i. rég.	6	bémoliser, t. rég.	6	★ blackbouler, t. rég.	6
barioler, t. rég.	6	bénéficier, ti	15	★ blaguer, i. et t. rég.	6
barrer, t. rég.	6	bénir, t. rég. **2**	19	blâmer, t. rég.	6
barricader, t. rég.	6	béquiller, i. rég.	6	blanchir, t. et i. rég.	19
barrir, i. rég.	19	bercer, t.	7	blaser, t. rég.	6
basaner, t. rég.	6	berner, t. rég.	6	blasonner, t. rég.	6
basculer, i. rég.	6	besogner, i. rég.	6	blasphémer, t.	10
baser, t. rég.	6	bétifier, t.	15	blatérer, i.	10
bassiner, t. rég.	6	bêtiser, i. rég.	6	blêmir, i. rég.	19

1 **Bayer** et **béer** sont deux survivances de l'ancienne langue. **Bayer** ne s'emploie plus guère que dans l'expression *bayer aux corneilles.* C'est un doublet de l'ancien **béer** lui-même peu usité sauf au participe présent *béant* et au participe passé *(rester bouche bée).* **Bayer,** prononcé anormalement ba-yé, s'est confondu avec **bâiller** qui l'a supplanté.

2 **Bénir** a deux participes passés :
- *bénit, bénite* qui se dit uniquement des objets consacrés par les prières de l'Église et s'emploie comme adjectif, non comme verbe : *du pain bénit, de l'eau bénite.*
- *béni, bénie* qui s'emploie dans tous les autres sens, aussi bien à la forme active qu'à la forme passive : *Le pape a béni ce mariage. Ce roi est béni par son peuple.*

	n°		n°		n°
bléser, i.	10	boudiner, t. rég.	6	brancher, t. et i. rég.	6
blesser, t. rég.	6	bouffer, i. rég.	6	brandiller, t. et i. rég.	6
blettir, i. rég.	19	bouffir, i. ou t. rég.	19	brandir, t. rég.	19
bleuir, i. et t. rég.	19	bouffonner, i. rég.	6	branler, t. rég.	6
blinder, t. rég.	6	bouger, i.	8	braquer, t. rég.	6
blondir, i. rég.	19	bougonner, i. rég.	6	braser, t. rég.	6
blondoyer, i. tr.	17	**bouillir**, i.	31	brasiller, t. et i. rég.	6
bloquer, t. rég.	6	bouillonner, i. rég.	6	brasser, t. rég.	6
blottir (se), pr. rég.	19	bouillotter, i. rég.	6	braver, t. rég.	6
★ blouser, t. rég.	6	boulanger, t.	8	brayer, i.	16
bluffer, t. rég.	6	bouler, t. et i. rég.	6	bredouiller, i. et t. rég.	6
bluter, t. rég.	6	bouleverser, t. rég.	6	brêler, t.	6
bobiner, t. rég.	6	bouliner, t. ou i. rég.	6	breller, t. rég.	6
bocarder, t. rég.	6	boulonner, t. rég.	6	brésiller, t. et i. rég.	6
boire, t.	69	★ boulotter, t. ou i. rég.	6	bretailler, i. rég.	6
boiser, t. rég.	6	bouquiner, i. rég.	6	bretauder, t. rég.	6
boiter, i. rég.	6	bourcer, t.	7	bretteler, t.	11
boitiller, i. rég.	6	bourder, i. rég.	6	breveter, t.	11
bombarder, t. rég.	6	bourdonner, i. rég.	6	★ bricoler, i. rég.	6
bomber, t. rég.	6	bourgeonner, i. rég.	6	brider, t. rég.	6
bonder, t. rég.	6	bourlinguer, i. rég.	6	bridger, i.	8
bondir, i. rég.	19	bourreler, t.	11	brigander, i. rég.	6
bondonner, t. rég.	6	bourrer, t. rég.	6	briguer, t. rég.	6
bonifier, t.	15	boursicoter, i. rég.	6	brillanter, t. rég.	6
border, t. rég.	6	boursoufler, t. rég.	6	briller, i. rég.	6
borner, t. rég.	6	bousculer, t. rég.	6	brimbaler, t. rég.	6
bornoyer, t.	17	bousiller, t. rég.	6	brimer, t. rég.	6
bosseler, t.	11	★ bouter, t. rég.	6	brinquebaler, i. rég.	6
bosser, t. rég.	6	boutonner, t. rég.	6	briqueter, t.	11
bossuer, t. rég.	6	bouturer, t. et i. rég.	6	briser, t. rég.	6
botteler, t.	11	boxer, i. rég.	6	brocanter, i. et t. rég.	6
botter, t. rég.	6	boycotter, t. rég.	6	brocarder, t. rég.	6
boucaner, t. rég.	6	braconner, i. rég.	6	brocher, t. rég.	6
boucharder, t. rég.	6	brader, t. rég.	6	broder, t. rég.	6
boucher, t. rég.	6	brailler, i. rég.	6	broncher, i. rég.	6
bouchonner, t. rég.	6	braire, i. déf. **1**	61	bronzer, t. rég.	6
boucler, t. rég.	6	braiser, t. rég.	6	brosser, t. rég.	6
bouder, t. ou i. rég.	6	bramer, i. rég.	6	brouetter, t. rég.	6

1 Braire ne s'emploie pratiquement qu'à la 3e personne du singulier et du pluriel, au présent de l'indicatif, au futur et au conditionnel.

1 Bruire ne s'emploie guère qu'à l'infinitif, aux 3ᵉ personnes de l'indicatif présent : *il bruit, ils bruissent;* de l'imparfait: *il bruissait, ils bruissaient;* du subjonctif présent : *qu'il bruisse, qu'ils bruissent;* du participe présent : *bruissant.* Ces formes refaites sur **finir,** en usage chez les meilleurs écrivains depuis Bernardin de Saint-Pierre *(Les insectes bruissaient sous l'herbe),* ont supplanté l'ancienne conjugaison : *il bruyait, ils bruyaient, bruyant* (conservé comme adjectif). En revanche les formes déduites d'un infinitif aberrant **bruisser,** telles que : *il bruisse, il bruissa, ils bruissèrent,* sont à condamner.

1 Cesser prend normalement l'auxiliaire **avoir,** qu'il soit transitif : *il a cessé ses cris;* ou intransitif : *ses plaintes* **ont** *cessé*. L'emploi de l'auxiliaire **être** pour marquer l'état : *ses plaintes* **sont** *cessées,* est à peu près sorti de l'usage.

2 Chaloir a vieilli et ne s'emploie qu'impersonnellement; il ne se dit guère que dans des locutions figées comme : *Peu m'en chaut = je ne m'en soucie pas.*

1 Circoncire, tout en se conjuguant sur **confire,** fait au participe passé *circoncis, ise.*

1 Comparoir. Terme de pratique qui n'est guère usité que dans l'expression *être assigné à comparoir : être assigné à se présenter en justice.* Il a vieilli; on dit aujourd'hui : **comparaître.**

2 Complaire, même à la forme pronominale, a toujours son participe passé invariable : *elle s'est complu à lire ce livre.*

1 **Contredire** se conjugue sur **dire,** sauf aux 2ᵉ personnes du pluriel : *vous contredisez;* impératif : *contredisez.*

2 **Convaincre** fait au participe présent *convainquant,* à distinguer de l'adjectif *convaincant,* écrit avec un **c.**

3 **Convenir** prend l'auxiliaire **avoir** quand il signifie *être propre à, plaire : Cette maison m'a convenu* (Ac.). Quand il signifie *faire un accord, une convention,* il prend toujours, dit-on, l'auxiliaire **être :** *Ils sont convenus de se trouver en tel lieu* (Ac.). Mais l'usage, à juste titre, autorise de plus en plus l'emploi de l'auxiliaire **avoir** quand on veut insister plus sur l'action que sur le résultat : *Nous avions convenu d'une cachette* (Gide). Il est intéressant de distinguer : *J'avais convenu avec vous de cette date* et *nous en étions convenus.*

d

1 Courbaturer. Bien que vieilli, le participe passé *courbattu* s'emploie encore de préférence à *courbaturé*.

2 Courre ne s'emploie qu'à l'infinitif, dans la langue de la vénerie : *courre le cerf, chasse à courre.*

3 Coûter. Le participe passé est invariable : *les cinquante francs que ce livre a* **coûté,** sauf au sens de *causer, occasionner,* où ce verbe devient transitif : *Que de larmes n'a-t-il pas* **coûtées** *à ses parents !*

1 Déclore se conjugue comme **clore** mais ne prend pas l'accent circonflexe au présent de l'indicatif : *il déclot*. N'est guère usité qu'à l'infinitif et au participe passé *déclos, déclose*.

1 Décrépir. Ne pas confondre *décrépit, décrépite : qui tombe en décrépitude,* et *décrépi, décrépie : qui a perdu son crépi.*

2 Décroître se conjugue sur **croître,** mais n'ayant pas de confusion à redouter avec **croire** ne prend pas l'accent circonflexe aux formes suivantes : *je décrois, tu décrois, je décrus, tu décrus, il décrut, ils décrurent, décru.*

3 Dédire se conjugue comme **dire** sauf aux 2ᵉ personnes du pluriel *vous dédisez,* impératif *dédisez.*

1 Dégrafer. Il faut bien se garder de dire *désagrafer* pour **dégrafer**. *Désagrafer* n'est pas français.

2 Demeurer s'emploie : 1° avec l'auxiliaire **être** au sens de *s'arrêter, rester* : *Les choses en* **sont** *demeurées là*; 2° avec l'auxiliaire **avoir** au sens de *habiter* : *Pendant le temps que j'*ai *demeuré à Paris...*; 3° généralement avec **avoir** au sens de *mettre du temps à* : *Il n'*a *demeuré qu'une heure à faire cette réparation.*

1 Départir employé d'ordinaire à la forme pronominale **se départir** se conjugue normalement comme **partir,** *i : je me dépars..., je me départais , se départant.* On peut regretter que de bons auteurs, sous l'influence sans doute de **répartir,** écrivent : *il se départissait, se départissant* et même, au présent de l'indicatif, *il se départit.*

2 Dépecer. Ne pas oublier le **ç** devant **a** et **o** (cf. **placer** tableau 7).

3 Déplaire. Le participe passé *déplu* est invariable même à la forme pronominale : *Ils se sont déplu dans ce quartier.*

4 Dépourvoir s'emploie rarement et seulement au passé simple, à l'infinitif, au participe passé et aux temps composés : *Il le dépourvut de tout.* On l'utilise surtout à la forme pronominale : *Je me suis dépourvu de tout pour vous.*

1 Descendre. Quand on veut insister sur le résultat on emploie toujours l'auxiliaire **être** : *Il est descendu chez des amis* (Ac.). Mais même pour indiquer l'action l'auxiliaire **être** s'emploie plus couramment qu'**avoir** : *Nous* **sommes** *aussitôt descendus de voiture.,* Cependant on peut correctement écrire : *Il* **a** *descendu bien promptement* (Ac.).

	n°		n°		n°
disconvenir,		distendre, t.	53	doucir, t. rég.	19
ti. (aux. être) **1**	23	distiller, t. et i. rég.	6	douer, t. rég.	6
discorder, i. rég.	6	distinguer, t. rég.	6	douter, ti. et i. rég.	6
discourir, i. et ti.	33	distordre, t. rég.	53	draguer, t. rég.	6
discréditer, t. rég.	6	distraire, t. déf.	61	drainer, t. rég.	6
discriminer, t. rég.	6	distribuer, t. rég.	6	dramatiser, t. rég.	6
disculper, t. rég.	6	divaguer, i. rég.	6	draper, t. rég.	6
discutailler, i. rég.	6	diverger, i.	8	dresser, t. rég.	6
discuter, t. rég.	6	diversifier, t. rég.	15	dribbler, i. rég.	6
disgracier, t.	15	divertir, t. rég.	19	driver, i. rég.	6
disjoindre, t.	58	diviniser, t. rég.	6	droguer, t. rég.	6
disloquer, t. rég.	6	diviser, t. rég.	6	drosser, t. rég.	6
disparaître, i. ◆**2**	64	divorcer, i. ◆	7	dulcifier, t.	15
dispenser, t. rég.	6	divulguer, t. rég.	6	duper, t. rég.	6
disperser, t. rég.	6	documenter, t. rég.	6	durcir, t. rég.	19
disposer, t. rég.	6	dodeliner, t. et i. rég.	6	durer, i. rég.	6
disproportionner, t. rég.	6	dogmatiser, i. rég.	6	dynamiter, t. rég.	6
disputailler, ti. rég.	6	domestiquer, t. rég.	6		
disputer, t. rég.	6	domicilier (se), pr.	15		
disqualifier, t.	15	dominer, t. et i. rég.	6	**e**	
disséminer, t. rég.	6	dompter, t. rég.	6		
disséquer, t.	10	donner, t. rég.	6		
disserter, ti. rég.	6	doper, t. rég.	6	ébahir (s'), pr. rég.	19
dissimuler, t. rég.	6	dorer, t. rég.	6	ébarber, t. rég.	6
dissiper, t. rég.	6	dorloter, t. rég.	6	ébattre (s'), pr.	55
dissocier, t.	15	**dormir,** i.	32	ébaubir (s'), pr. rég.	19
dissoner, i. rég.	6	doser, t. rég.	6	ébaucher, t. rég.	6
dissoudre, t. **3**	72	doter, t. rég.	6	★ ébaudir, t. rég.	19
dissuader, t. rég.	6	doubler, t. rég.	6	éberluer, t. rég.	6
distancer, t.	7	doucher, t. rég.	6	éblouir, t. rég.	19

1 Disconvenir se conjugue avec l'auxiliaire **être** au sens de *ne pas convenir d'une chose, la nier,* avec l'auxiliaire **avoir** au sens de *ne pas convenir à,* mais cette acception est désuète.

2 Disparaître, comme **apparaître** prend normalement l'auxiliaire **avoir** pour exprimer l'action, l'auxiliaire **être** pour exprimer l'état résultant de cette action. Quand, avec l'Académie, je dis : *le soleil* **a** *disparu derrière l'horizon,* j'indique qu'à un moment donné le soleil a fait, apparemment, l'action de descendre par-delà la ligne d'horizon. Mais si, constatant l'absence du soleil dans le ciel, je veux exprimer l'état consécutif à cette disparition, je dirai : *Le soleil* **est** *disparu.* Comparer les emplois suivants : *Elle était sans cesse tournée vers le côté où le vaisseau d'Ulysse fendant les eaux* **avait** *disparu à ses yeux* (Fénelon).
Et de quelque côté que je tourne la vue
La foi de tous les cœurs **est** *pour moi disparue* (Racine).

1 Dissoudre se conjugue comme **absoudre,** y compris le participe passé *dissous, dissoute,* distinct de l'ancien participe *dissolu, ue* qui a subsisté comme adjectif au sens de *corrompu, débauché.*

1 Échapper veut toujours l'auxiliaire **avoir** au sens de *n'être pas saisi, n'être pas compris* : *Votre demande* **m'avait** *d'abord échappé.* Au sens de *être dit ou fait par inadvertance*, il prend l'auxiliaire **être** : *Il est impossible qu'une pareille bévue lui* **soit** *échappée* (Ac.). Au sens de *s'enfuir*, il utilise **avoir** ou **être** selon que l'on insiste sur l'action ou sur l'état : *Le prisonnier* **a** *échappé. Il* **est** *échappé de prison.* Noter le participe passé non accordé dans l'expression : *Il l'a* **échappé** *belle.*

2 Éclore se conjugue comme **clore** mais ne s'emploie guère qu'à la 3ᵉ personne. L'Académie écrit *il éclot* sans accent circonflexe. On emploie parfois l'auxiliaire **avoir** pour insister sur l'action elle-même : *Ces poussins* **ont** *éclos ce matin; ceux-là* **sont** *éclos depuis hier.* Mais l'auxiliaire **être** est toujours possible : *Ces fleurs* **sont** *écloses cette nuit* (Ac.).

	n°		n°		n°
émorfiler, t. rég.	6	emporter, t. rég.	6	enchifrener, t.	9
émotionner, t. rég. **1**	6	empoter, t. rég.	6	enclaver, t. rég.	6
émotter, t. rég.	6	empourprer, t. rég.	6	enclencher, t. rég.	6
émoucher, t. rég.	6	empoussiérer, t.	10	encliqueter, t.	11
émoudre, t.	74	empreindre, t.	57	enclore, t. déf. **3**	70
émousser, t. rég.	6	empresser (s'), pr. rég.	6	enclouer, t. rég.	6
émoustiller, t. rég.	6	emprisonner, t. rég.	6	encocher, t. rég.	6
émouvoir, t. **2**	44	emprunter, t. rég.	6	encoffrer, t. rég.	6
empailler, t. rég.	6	empuantir, t. rég.	19	encoller, t. rég.	6
empaler, t. rég.	6	émulsionner, t. rég.	6	encombrer, t. rég.	6
empanacher, t. rég.	6	énamourer, t. rég.	6	encorder, t. rég.	6
empanner, t. rég.	6	encabaner, t. rég.	6	encorner, t. rég.	6
empaqueter, t.	11	encadrer, t. rég.	6	encourager, t.	8
emparer (s'), pr. rég.	6	encager, t.	8	encourir, t.	33
empâter, t. rég.	6	encaisser, t. rég.	6	encrasser, t. rég.	6
empatter, t. rég.	6	encanailler, t. rég.	6	encrer, t. rég.	6
empaumer, t. rég.	6	encapuchonner (s'),		encroûter, t. rég.	6
empêcher, t. rég.	6	pr. rég.	6	encuver, t. rég.	6
empenner, t. rég.	6	encaquer, t. rég.	6	endauber, t. rég.	6
emperler, t. rég.	6	encarter, t. rég.	6	endenter, t. rég.	6
empeser, t.	9	encasteler (s'), pr.	12	endetter, t. rég.	6
empester, t. et i. rég.	6	encastrer, t. rég.	6	endeuiller, t. rég.	6
empêtrer, t. rég.	6	encaustiquer, t. rég.	6	endêver, i. rég.	6
empierrer, t. rég.	6	encaver, t. rég.	6	endiabler, i. rég.	6
empiéter, t. et i.	10	enceindre, t.	57	endiguer, t. rég.	6
empiffrer, t. rég.	6	encenser, t. rég.	6	endimancher, t. rég.	6
empiler, t. rég.	6	encercler, t. rég.	6	endivisionner, t. rég.	6
empirer, t. et i. ◆ rég.	6	enchaîner, t. rég.	6	endoctriner, t. rég.	6
emplir, t. rég.	19	enchanter, t. rég.	6	endolorir, t. rég.	19
employer, t.	17	enchâsser, t. rég.	6	endommager, t.	8
emplumer, t. rég.	6	enchatonner, t. rég.	6	endormir, t.	32
empocher, t. rég.	6	enchausser, t. rég.	6	endosser, t. rég.	6
empoigner, t. rég.	6	enchemiser, t. rég.	6	enduire, t.	82
empoisonner, t. rég.	6	enchérir, t. et i. rég.	19	endurcir, t. rég.	19
empoisser, t. rég.	6	enchevaucher, t. rég.	6	endurer, t. rég.	6
empoissonner, t. rég.	6	enchevêtrer, t. rég.	6	énerver, t. rég.	6

1 Émotionner. Doublet abusif de **émouvoir ;** à proscrire

2 Émouvoir se conjugue sur **mouvoir,** mais son participe passé masculin singulier : *ému* ne prend pas d'accent circonflexe.

3 Enclore possède les formes *nous enclosons, vous enclosez* ; impératif : *enclosons, enclosez.* L'Académie écrit sans accent circonflexe *il enclot.*

1 Ensuivre (s') ne s'emploie qu'aux 3ᵉ personnes de chaque temps. De la construction : *Un grand bien s'est ensuivi de tant de maux* (Ac.) découle la tournure : *Un grand bien s'en est ensuivi*, simplifiée souvent en : *Un grand bien s'en est suivi.*

1 Ester est usité seulement à l'infinitif dans la langue de la pratique, au sens de se présenter : *ester en justice.*

f

1 Extravaguer a pour participe présent *extravaguant*; l'adjectif *extravagant* ne prend pas d'u après le **g**.

2 Fabriquer s'écrit régulièrement *fabriquant* au participe présent. Ne pas confondre avec le substantif *fabricant* qui prend un **c** au lieu de **qu**.

3 Fatiguer s'écrit au participe présent *fatiguant*. Ne pas confondre avec l'adjectif *fatigant* qui ne prend pas d'u après le **g**

4 Férir, qui a vieilli, ne s'emploie plus qu'à l'infinitif présent dans la locution : *sans coup férir*; et au participe passé *féru, ue* : *féru d'archéologie.* On trouve dans les vieux auteurs, à la 3e personne de l'indicatif présent : *il fiert,* équivalent de *il frappe.*

	n°		n°		n°
feutrer, t. rég.	6	flécher, t. rég.	6	former, t. rég.	6
fiancer, t.	7	fléchir, t. et i. rég.	19	formoler, t. rég.	6
ficeler, t.	11	flétrir, t. rég.	19	formuler, t. rég.	6
ficher, t. rég.	6	fleurdeliser, t. rég.	6	forniquer, i. rég.	6
fieffer, t. rég.	6	fleurer, i. rég.	6	fortifier, t.	15
fienter, i. rég.	6	fleurir, t. et i. rég. **1**	19	fossiliser (se), pr. rég.	6
fier, t.	15	flibuster, i. et t. rég.	6	fossoyer, t.	17
figer, t. et i.	8	flirter, i. rég.	6	fouailler, t. rég.	6
fignoler, t. rég.	6	floculer, i. rég.	6	foudroyer, t.	17
figurer, t. rég.	6	flotter, i. rég.	6	fouetter, t. rég.	6
filer, t. et i. rég.	6	★ flouer, t. rég.	6	fouger, i.	8
fileter, t.	12	★ fluer, i. rég.	6	fouiller, t. rég.	6
filigraner, t. rég.	6	flûter, i. rég.	6	★ fouiner, i. rég.	6
filmer, t. rég.	6	foirer, i. rég.	6	fouir, t. rég.	19
filocher, t. rég.	6	foisonner, i. rég.	6	fouler, t. rég.	6
filouter, t. rég.	6	folâtrer, i. rég.	6	fourbir, t. rég.	19
filtrer, t. et i. rég.	6	folichonner, i. rég.	6	fourcher, i. rég.	6
financer, t.	7	folioter, t. rég.	6	fourgonner, i. rég.	6
finasser, i. rég.	6	fomenter, t. rég.	6	fourmiller, i. rég.	6
finir, t. rég.	19	foncer, t.	7	fournir, t. rég.	19
fiscaliser, t. rég.	6	fonctionnariser, t. rég.	6	fourrager, i.	8
fissurer, t. rég.	6	fonctionner, i. rég.	6	fourrer, t. rég.	6
fixer, t. rég.	6	fonder, t. rég.	6	fourvoyer, t.	17
flageller, t. rég.	6	fondre, t. et i.	53	fracasser, t. rég.	6
flageoler, i. rég.	6	forcer, t.	7	fractionner, t. rég.	6
flagorner, t. rég.	6	forcir, i.	19	fracturer, t. rég.	6
flairer, t. rég.	6	forclore, t. déf. **2**		fragmenter, t. rég.	6
flamber, i. et t. rég.	6	forer, t. rég.	6	fraîchir, i. et imp. rég.	19
flamboyer, i.	17	forfaire, i. déf. **3**		fraiser, t. rég.	6
★ flancher, i. rég.	6	forger, t.	8	framboiser, t. rég.	6
flâner, i. rég.	6	forjeter, i.	11	franchir, t. rég.	19
flanquer, t. rég.	6	forlancer, t.	7	franciser, t. rég.	6
flaquer, t. rég.	6	forligner, i. rég.	6	franger, t.	8
flatter, t. rég.	6	formaliser (se), pr. rég.	6	frapper, t. rég.	6

1 Fleurir signifiant *être en fleur, s'épanouir comme une fleur, orner de fleurs*, a une conjugaison normale : *L'aubépine fleurissait déjà.* Dans le sens abstrait de *prospérer,* fleurir fait au participe présent *florissant,* et à l'imparfait de l'indicatif le plus souvent *florissait,* parfois *fleurissait : Les beaux-arts florissaient* ou *fleurissaient sous le règne de ce prince.* L'Académie, tout en citant ce double exemple, recommande *florissait.*

2 Forclore ne s'emploie qu'à l'infinitif et au participe passé : *forclos.*

3 Forfaire ne s'emploie plus guère qu'à l'infinitif et aux temps composés : *Il a forfait à l'honneur* (Ac.).

	n°		n°		n°
fraterniser, i. rég.	6	fuseler, t.	11	garrotter, t. rég.	6
frauder, t. rég.	6	fuser, i. rég.	6	gasconner, i. rég.	6
frayer, t. et i.	16	fusiller, t. rég.	6	gaspiller, t. rég.	6
fredonner, t. et i. rég.	6	fusionner, t. et i. rég.	6	gâter, t. rég.	6
freiner, t. et i. rég.	6	fustiger, t.	8	gauchir, i. rég.	19
frelater, t. rég.	6			★ gaudir (se), pr. rég.	19
frémir, i. rég.	19			gaufrer, t. rég.	6
fréquenter, t. rég.	6	**g**		gauler, t. rég.	6
fréter, t.	10			gausser (se), pr. rég.	6
frétiller, i. rég.	6			gaver, t. rég.	6
fretter, t. rég.	6	gâcher, t. rég.	6	gazéifier, t.	15
fricasser, t. rég.	6	gaffer, t. rég.	6	gazer, t. rég.	6
★ fricoter, i. et t. rég.	6	★ gaffer, i. rég.	6	gazonner, t. rég.	6
frictionner, t. rég.	6	gager, t.	8	gazouiller, i. rég.	6
frigorifier, t.	15	gagner, t. rég.	6	geindre, i.	57
fringuer, i. rég.	6	gainer, t. rég.	6	geler, t. et i.	12
friper, t. rég.	6	galber, t. rég.	6	gélifier, t.	15
friponner, t. rég.	6	★ galéjer, i.	10	géminer, t. rég.	6
frire, t. déf. **1**	81	galipoter, t. rég.	6	gémir, i. rég.	19
friser, t. rég.	6	galonner, t. rég.	6	gemmer, t. et i. rég.	6
frisotter, t. rég.	6	galoper, i. rég.	6	gendarmer (se), pr. rég.	6
frissonner, i. rég.	6	galvaniser, t. rég.	6	gêner, t. rég.	6
froidir, i. rég.	19	galvauder, t. rég.	6	généraliser, t. rég.	6
froisser, t. rég.	6	gambader, i. rég.	6	gerber, t. rég.	6
frôler, t. rég.	6	★ gambiller, t. rég.	6	gercer, t.	7
froncer, t.	7	gaminer, i. rég.	6	gérer, t.	10
fronder, t. rég.	6	gangrener, t.	9	germaniser, t. rég.	6
frotter, t. rég.	6	ganser, t. rég.	6	germer, i. rég.	6
froufrouter, i. rég.	6	ganter, t. rég.	6	**gésir**, i. déf.	37
fructifier, t.	15	garancer, t.	7	gesticuler, i. rég.	6
frustrer, t. rég.	6	garantir, t. rég.	19	giboyer, i.	17
fuir, t. et i.	36	garder, t. rég.	6	gicler, i. rég.	6
fulgurer, i. rég.	6	garer, t. rég.	6	gifler, t. rég.	6
fulminer, t. et i. rég.	6	gargariser (se), pr. rég.	6	gigoter, i. rég.	6
fumer, t. et i. rég.	6	gargouiller, i. rég.	6	gîter, t. et i. rég.	6
fureter, t. et i.	12	garnir, t. rég.	19	givrer, t. rég.	6

1 **Frire** n'est usité qu'au singulier du présent de l'indicatif et de l'impératif : *je fris, tu fris, il frit, fris,* rarement au futur et au conditionnel : *je frirai... je frirais...;* au participe passé *frit, frite,* et aux temps composés formés avec l'auxiliaire **avoir.** Aux temps et aux personnes où **frire** est défectif, on lui substitue le verbe **faire frire,** du moins quand **frire** devrait être employé au sens transitif : *ils font frire du poisson.* Le verbe **frire** peut en effet être employé au sens intransitif : *le beurre frit dans la poêle.*

h

1 Grasseyer conserve obligatoirement l'y dans toute la conjugaison : il ajoute donc simplement les terminaisons du verbe **aimer** au radical *grassey*.

i

	n°		n°		n°
improviser, t. rég.	6	infléchir, t. rég.	19	instrumenter, i. rég.	6
imputer, t. rég.	6	infliger, t.	8	insuffler, t. rég.	6
inaugurer, t. rég.	6	influencer, t.	7	insulter, t. rég.	6
incarcérer, t.	10	influer, i. rég.	6	insurger (s'), pr.	8
incarner, t. rég.	6	informer, t. rég.	6	intégrer, t.	10
incendier, t.	15	infuser, t. rég.	6	intensifier, t.	15
incidenter, i. rég.	6	ingénier (s'), pr.	15	intenter, t. rég.	6
incinérer, t.	10	ingérer, t.	10	intercaler, t. rég.	6
inciser, t. rég.	6	ingurgiter, t. rég.	6	intercéder, t.	10
inciter, t. rég.	6	inhaler, t. rég.	6	intercepter, t. rég.	6
incliner, t. rég.	6	inhiber, t. rég.	6	interdire, t. **2**	78
inclure, t. déf. **1**	71	inhumer, t. rég.	6	intéresser, t. rég.	6
incomber, i. rég.	6	initier, t.	15	interférer, i.	10
incommoder, t. rég.	6	injecter, t. rég.	6	interfolier, t.	15
incorporer, t. rég.	6	injurier, t.	15	intérioriser, t. rég.	6
incriminer, t. rég.	6	innerver, t. rég.	6	interjeter, t.	11
incruster, t. rég.	6	innocenter, t. rég.	6	interligner, t. rég.	6
incuber, t. rég.	6	innover, t. et i.	6	interloquer, t. rég.	6
inculper, t. rég.	6	inoculer, t. rég.	6	internationaliser, t. rég.	6
inculquer, t. rég.	6	inonder, t. rég.	6	interner, t. rég.	6
incurver, t. rég.	6	inquiéter, t.	10	interpeller, t. rég.	6
indemniser, t. rég.	6	inscrire, t.	80	interpénétrer (s'), pr.	10
indexer, t. rég.	6	insculper, t. rég.	6	interpoler, t. rég.	6
indigner, t. rég.	6	inséminer, t. rég.	6	interposer, t. rég.	6
indiquer, t. rég.	6	insensibiliser, t. rég.	6	interpréter, t.	10
indisposer, t. rég.	6	insérer, t.	10	interroger, t.	8
individualiser, t. rég.	6	insinuer, t. rég.	6	interrompre, t.	53
induire, t.	82	insister, ti. rég.	6	intervenir, i. (aux. être)	23
indulgencier, t.	15	insoler, t. rég.	6	intervertir, t. rég.	19
indurer, t. rég.	6	insolubiliser, t. rég.	6	interviewer, t. rég.	6
industrialiser, t. rég.	6	insonoriser, t. rég.	6	intimer, t. rég.	6
infatuer, t. rég.	6	inspecter, t. rég.	6	intimider, t. rég.	6
infecter, t. rég.	6	inspirer, t. rég.	6	intituler, t. rég.	6
inféoder, t. rég.	6	installer, t. rég.	6	intoxiquer, t. rég.	6
inférer, t.	10	instaurer, t. rég.	6	intriguer, t. et i. rég.	6
infester, t. rég.	6	instiller, t. rég.	6	introduire, t.	82
infiltrer, t. rég.	6	instituer, t. rég.	6	introniser, t. rég.	6
infirmer, t. rég.	6	instruire, t.	82	invalider, t. rég.	6

1 **Inclure** se conjugue sur **conclure,** mais au participe passé il fait *inclus* (avec un *s*); fém. : *incluse*.

2 **Interdire** se conjugue comme dire, sauf aux 2e personnes *vous interdisez*; impératif : *interdisez*.

1 Issir. Cet ancien verbe n'est plus en usage qu'au participe passé *issu*. On se sert de ce dernier pour signifier : *venu, descendu d'une personne ou d'une race. De ce mariage sont issus tant d'enfants. Issu du sang des rois* (Ac.).

2 Langueyer conserve obligatoirement l'y dans toute sa conjugaison : il ajoute donc seulement les terminaisons du verbe **aimer** au radical *languey*.

m

1 Luire se conjugue sur **cuire,** mais 1° le passé simple *je luisis* est supplanté par : *je luis... ils luirent* ; 2° le participe passé est : *lui* (sans **t**).

2 Malfaire : *faire de mauvaises actions* ou *du mal,* n'est usité qu'à l'infinitif : *Il ne se plaît qu'à malfaire* (Ac.).

1 **Maudire** se conjugue non sur *dire* mais sur **finir** : *vous maudissez* (sauf au participe passé *maudit, ite*).

2 **Médire** se conjugue sur **dire** sauf aux 2e personnes du pluriel : *vous médisez*; impératif : *médisez*.

3 **Méfaire** : *faire du mal, nuire*, n'est plus guère usité qu'à l'infinitif : *Il ne faut ni méfaire ni médire* (Ac.).

n

---

1 Monter, verbe intransitif, est conjugué normalement avec l'auxiliaire **être :** *Il* **est** *monté à sa chambre* (Ac.). Cependant pour insister sur l'action en train de se faire, il peut se construire avec l'auxiliaire **avoir ;** particulièrement dans certaines expressions consacrées par l'usage : *Il est hors d'haleine pour* **avoir** *monté trop vite* (Ac.). *La Seine* **a** *monté ; le thermomètre* **a** *monté ; les prix* **ont** *monté.*

2 Négliger fait au participe présent *négligeant,* à distinguer de l'adjectif *négligent* (terminaison **-ent**).

1 **Nuire** se conjugue sur **cuire,** mais le participe passé est : *nui* (sans **t**).

2 **Occire** a vieilli et ne s'emploie plus guère qu'à l'infinitif présent, au participe passé : *occis, occise,* et aux temps composés

3 **Occlure** se conjugue sur **conclure** mais fait au participe passé *occlus, occluse*.

4 **Oindre** est sorti de l'usage sauf à l'infinitif et au participe passé *oint*.

1 Paraître prend généralement l'auxiliaire **avoir** : *Un cavalier* **a** *paru au loin dans la plaine. Le film m'a paru intéressant.* Cependant, s'agissant de livres ou de publications, si, pour marquer l'action, **paraître** utilise normalement **avoir** : *la troisième édition* **a** *paru l'an dernier,* on peut très légitimement dire pour insister sur le résultat de cette action : *La troisième édition* **est** *déjà parue depuis un an ;* en ce cas le participe passé s'accorde avec le sujet.

2 Parfaire : *achever* n'est plus guère usité qu'au présent de l'indicatif, à l'infinitif et au participe passé : *l'homme perfectionne mais ne parfait jamais.*

3 Partir. a. intransitif, au sens de *s'en aller,* prend l'auxiliaire **être.** L'Académie récuse justement l'auxiliaire **avoir** qui trouvait grâce devant Littré. Mais si de nos jours *Le lièvre* **a** *parti* est jugé incorrect, certains disent encore *Le coup de fusil* **a** *parti* pour **est** *parti.*
b. transitif, **partir** signifiant *partager* n'a plus que l'infinitif et le participe passé *parti,* conservé dans certaines expressions figées : *avoir maille à partir ; des avis mi-partis.*

1 Passer. L'usage courant est de former les temps composés avec l'auxiliaire **être :** *je suis passé*, mais certains emploient judicieusement **avoir** de préférence à **être** quand on insiste sur l'action de passer plutôt que sur son résultat : *Il* **a** *passé le long de la muraille. Il* **est** *passé de l'autre côté de l'eau* (Ac.). La nuance d'ailleurs est souvent bien ténue et l'on dit indifféremment : *L'envie lui* **a** *passé* ou *lui* **est** *passée* (Ac.).

1 Plaire n'ayant jamais de complément d'objet direct, le participe *plu* est invariable, même à la forme pronominale. *Ils se sont plu l'un à l'autre. Elle s'est plu à vous contredire* (Ac.).

2 Poindre se conjugue sur **joindre.** Au sens intransitif de *commencer à paraître*, il ne s'emploie qu'aux formes suivantes : *il point, il poindra, il poindrait, il a point : Quand l'aube poindra...*; on a tendance à lui substituer le verbe régulier **pointer.** Au sens transitif de *piquer : Poignez vilain, il vous oindra*, ce verbe est sorti de l'usage en cédant la place parfois à un néologisme insoutenable **poigner** fabriqué à partir de formes régulières de **poindre :** *il poignait, poignant.* Ce participe présent s'est d'ailleurs maintenu comme adjectif en se chargeant du sens *d'étreindre* (comme par une *poigne ?).

1 Pourvoir (tableau 40) se conjugue comme le verbe simple **voir** (tableau 39) sauf au futur et au conditionnel : *je pourvoirai, je pourvoirais;* au passé simple et au subjonctif imparfait : *je pourvus, que je pourvusse.*

2 Prédire se conjugue comme **dire,** sauf aux 2ᵉ pers. du pluriel : *vous prédisez;* impératif : *prédisez.*

3 Prévaloir se conjugue comme **valoir** excepté au subjonctif présent où il fait *que je prévale, que nous prévalions... : Il ne faut pas que la coutume prévale sur la raison* (Ac.). A la forme pronominale le participe passé s'accorde : *Elle s'est prévalue de ses droits.*

4 Prévoir se conjugue comme **voir** sauf au futur et au conditionnel où il fait : *je prévoirai..., je prévoirais...*

5 Promouvoir se conjugue comme **mouvoir,** mais son participe *promu* ne prend pas l'accent circonflexe au masculin singulier. Ce verbe ne s'emploie guère qu'à l'infinitif, au participe passé et aux temps composés. On dit cependant : *Cet évêque méritait que le pape le promût cardinal.*

1 Puer. Les formes du passé simple : *je puai...*; du subjonctif imparfait : *que je puasse...*; et des temps composés : *j'ai pué*, etc., sont peu employées.

2 Quérir, orthographié aussi **querir** (Ac.), ne s'emploie plus aujourd'hui qu'à l'infinitif; et encore est-il lui-même peu usité; on dit plutôt *chercher*.

	n°		n°		n°
rainer, t. rég.	6	rapporter, t. rég.	6	ravitailler, t. rég.	6
raisonner, t. et i. rég.	6	rapprendre, t.	54	raviver, t. rég.	6
rajeunir, t. et i. ◆ rég.	19	rapprêter, t. rég.	6	ravoir, t. déf. **3**	
rajouter, t. rég.	6	rapprocher, t. rég.	6	rayer, t.	16
rajuster, t. rég.	6	rapproprier, t.	15	rayonner, i. rég.	6
ralentir, t. rég.	19	rapprovisionner, t. rég.	6	razzier, t.	15
râler, i. rég.	6	raréfier, t.	15	réabonner, t. rég.	6
ralinguer, t. rég.	6	raser, t. rég.	6	réabsorber, t. rég.	6
rallier, t.	15	rassasier, t.	15	réaccoutumer, t. rég.	6
rallonger, t.	8	rassembler, t. rég.	6	réadapter, t. rég.	6
rallumer, t. rég.	6	rasseoir, t.	49	réadmettre, t.	56
ramager, i. et t.	8	rasséréner, t.	10	réaffirmer, t. rég.	6
ramasser, t. rég.	6	rassir, i. déf. **2**		réagir, i. rég.	19
ramender, t. rég.	6	rassortir, t. rég.	19	réajuster, t. rég.	6
ramener, t.	9	rassurer, t. rég.	6	réaléser, t.	10
ramer, t. et i. rég.	6	ratatiner, t. rég.	6	réaliser, t. rég.	6
rameuter, t. rég.	6	râteler, t.	11	réanimer, t. rég.	6
ramifier, t.	15	rater, t. et i. rég.	6	réapparaître, i.	64
ramollir, t. rég.	19	★ ratiboiser, t. rég.	6	réapposer, t. rég.	6
ramoner, t. rég.	6	ratifier, t.	15	réapprendre, t.	54
ramper, i. rég.	6	ratiner, t. rég.	6	réapprovisionner, t. rég.	6
rancir, i. rég.	19	ratiociner, i. rég.	6	réargenter, t. rég.	6
rançonner, t. rég.	6	rationaliser, t. rég.	6	réarmer, t. rég.	6
ranger, t.	8	rationner, t. rég.	6	réassigner, t. rég.	6
ranimer, t. rég.	6	ratisser, t. rég.	6	réassortir, t. rég.	19
rapatrier, t.	15	rattacher, t. rég.	6	réassurer, t. rég.	6
râper, t. rég.	6	rattraper, t. rég.	6	rebaisser, t. rég.	6
rapetasser, t. rég.	6	raturer, t. rég.	6	rebaptiser, t. rég.	6
rapetisser, t. rég.	6	ravager, t.	8	rebâtir, t. rég.	19
rapiécer, t. **1**	10	ravaler, t. rég.	6	rebattre, t.	55
rapiner, i. rég.	6	ravauder, t. et i. rég.	6	rebeller (se), pr. rég.	6
rapointir, t. rég.	19	ravigoter, t. rég.	6	rebiffer (se), pr. rég.	6
rappareiller, t. rég.	6	ravilir, t. rég.	19	rebiquer, i. rég.	6
rapparier, t.	15	raviner, t. rég.	6	reblanchir, t. rég.	19
rappeler, t.	11	ravir, t. rég.	19	reboiser, t. rég.	6
★ rappliquer, t. et i. rég.	6	raviser (se), pr. rég.	6	rebondir, i. rég.	19

1 Rapiécer. Ne pas oublier le **ç** devant **a** et **o** (cf. **placer** tableau 7).

2 Rassir, qui a supplanté **rasseoir** dans cette acception, ne s'emploie qu'à l'infinitif : *laisser du pain rassir*, et au participe passé : *du pain rassis, une miche rassise.*

3 Ravoir n'est usité qu'au présent de l'infinitif.

1 Reclure n'est employé qu'à l'infinitif et au participe passé : *reclus* (avec un **s**), fém. : *recluse*.

2 Recroître, à la différence de **croître**, ne prend l'accent circonflexe que sur les formes où l'i est suivi d'un t : *il recroît, je recroîtrai..., je recroîtrais...*, et en outre sur le participe passé recrû pour le distinguer de *recru : épuisé de fatigue,* d'un ancien verbe **recroire**.

3 Redescendre. Pour l'auxiliaire, voir **descendre**.

1 Reluire se conjugue sur **cuire** mais : 1° le passé simple : *je reluisis* est supplanté par *je reluis... ils reluirent*; 2° le participe passé est *relui* (sans **t**).

1 **Renaître** n'a pas de participe passé; il n'a donc pas de temps composés.

1 Repartir signifiant *répliquer, répondre vivement et sur-le-champ,* suit le modèle de **sentir**; il prend l'auxiliaire **avoir** dans ses temps composés : *Il ne lui a reparti que des impertinences.*

2 Repartir signifiant *retourner* ou *partir de nouveau,* se conjugue comme **sentir** dans ses temps simples, mais prend l'auxiliaire **être** dans ses temps composés : *Je suis reparti aussitôt après dîner.*

3 Répartir signifiant *partager, distribuer,* se conjugue comme **finir.**

4 Résoudre, à la différence de **absoudre,** possède un passé simple : *je résolus* et un subjonctif imparfait : *que je résolusse.* Le participe passé est *résolu* : *j'ai résolu ce problème.* Mais il existe un participe passé *résous* (fém. *résoute* très rare) qui n'est usité qu'en parlant des choses qui changent d'état : *brouillard résous en pluie.* Noter l'adjectif *résolu* signifiant *hardi.*

5 Ressembler. Le participe passé *ressemblé* est toujours invariable même à la forme pronominale : *Ils se sont toujours plus ou moins ressemblé.*

6 Ressortir signifiant *sortir de nouveau* se conjugue sur **sortir.**
Ressortir signifiant *être du ressort* ou *de la compétence d'une juridiction* se conjugue régulièrement sur **finir** : *il ressortit, il ressortissait, ressortissant : Mon affaire ressortit au juge de paix* (Ac.). Dans ce sens il se construit normalement avec la préposition **à.**

	n°		n°		n°
ressouder, t. rég.	6	retransmettre, t.	56	revoler, i. rég.	6
ressourcer (se), pr.	7	retravailler, t. rég.	6	révolter, t. rég.	6
ressouvenir (se), pr.	23	retraverser, t. rég.	6	révolutionner, t. rég.	6
ressuer, i.	6	rétrécir, t. rég.	19	revomir, t. rég.	19
ressusciter, t. et i. ◆ rég.	6	rétreindre, t.	57	révoquer, t. rég.	6
ressuyer, t.	17	retremper, t. rég.	6	rhabiller, t. rég.	6
restaurer, t. rég.	6	rétribuer, t. rég.	6	ricaner, i. rég.	6
rester, i. (aux. être)	6	rétrocéder, t.	10	ricocher, i. rég.	6
restituer, t. rég.	6	rétrograder, i. rég.	6	rider, t. rég.	6
restreindre, t.	57	retrousser, t. rég.	6	ridiculiser, t. rég.	6
résulter, i. ◆ et imp. rég.	6	retrouver, t. rég.	6	★ rigoler, i. rég.	6
résumer, t. rég.	6	réunir, t. rég.	19	rimailler, i. rég.	6
resurgir, i.	19	réussir, i. et t. rég.	19	rimer, t. et i. rég.	6
rétablir, t. rég.	19	revacciner, t. rég.	6	rincer, t.	7
retailler, t. rég.	6	revalider, t. rég.	6	ripailler, i. rég.	6
rétamer, t. rég.	6	revaloir, i.	47	riper, i. rég.	6
retaper, t. rég.	6	revaloriser, t. rég.	6	ripoliner, t. rég.	6
retarder, t. et i. rég.	6	revancher, t. rég.	6	riposter, i. rég.	6
retâter, t. rég.	6	rêvasser, ti. rég.	6	**rire,** i. et ti. **1**	79
reteindre, t.	57	réveiller, t. rég.	6	risquer, t. rég.	6
retendre, t.	53	réveillonner, i. rég.	6	rissoler, t. rég.	6
retenir, t.	23	révéler, t.	10	ristourner, t. rég.	6
retentir, i. rég.	19	revendiquer, t. rég.	6	rivaliser, i. rég.	6
retirer, t. rég.	6	revendre, t.	53	river, t. rég.	6
retisser, t. rég.	6	revenir, i. (aux. être)	23	riveter, t.	11
retomber, i. rég.	6	rêver, t. et i. rég.	6	rober, t. rég.	6
retondre, t.	53	réverbérer, t.	10	roder, t. rég.	6
retordre, t.	53	reverdir, t. et i. rég.	19	rôder, i. rég.	6
rétorquer, t. rég.	6	révérer, t.	10	rogner, t. rég.	6
retoucher, t. rég.	6	reverser, t. rég.	6	★ rognonner, i. rég.	6
retourner, t. rég.	6	revêtir, t.	26	romancer, t.	7
retourner, i. (aux. être)	6	revider, t. rég.	6	romaniser, t. rég.	6
retracer, t.	7	revigorer, t. rég.	6	rompre, t.	53
rétracter, t. rég.	6	revirer, i. rég.	6	★ ronchonner, i. rég.	6
retraduire, t.	82	réviser, t. rég.	6	ronfler, i. rég.	6
retraire, t. déf.	61	revivifier, t.	15	ronger, t.	8
retrancher, t. rég.	6	revivre, i.	76	ronronner, i. rég.	6
retranscrire, t.	80	revoir, t.	39	roquer, i. rég.	6

1 Rire. Le participe passé est toujours invariable même à la forme pronominale : *Elles ne se sont jamais ri de cette infirmité.*

---

1 Saillir. Verbe peu usité et seulement à la 3ᵉ personne et à l'infinitif. Au sens de *jaillir, s'accoupler à*, se conjugue sur **finir**; au sens de *être en saillie* se conjugue sur **assaillir** mais fait au futur : *il saillera, ils sailleront.* Le participe présent a donné l'adjectif *saillant*.

1 **Sortir** transitif, signifiant en termes de jurisprudence : *obtenir, avoir,* se conjugue comme **finir,** mais n'est d'usage qu'à la 3e personne : *il sortit, il sortissait. J'entends que cette clause sortisse son plein effet.* Il ne faut pas confondre ce verbe, du reste assez peu usité, avec **sortir** (intransitif; auxiliaire **être**) signifiant : *aller dehors, s'en aller,* et avec **sortir** (transitif; auxiliaire **avoir**) signifiant *mener dehors, tirer hors,* qui se conjuguent l'un et l'autre sur **sentir.**

2 **Sourdre,** signifiant proprement *sortir de terre* en parlant de l'eau, n'est usité qu'à l'infinitif et à la 3e personne de l'indicatif présent : *il sourd, ils sourdent* et encore seulement dans la langue littéraire.

3 **Sourire.** Le participe passé *souri* est invariable même à la forme pronominale : *Ils se sont souri d'un air entendu.*

1 Succéder Le participe passé est invariable même à la forme pronominale : *ils se sont toujours succédé de père en fils.*

2 Suffire se conjugue sur **confire.** Remarquer toutefois que le participe passé est *suffi* (sans t), invariable même à la forme pronominale : *Les pauvres femmes se sont suffi avec peine jusqu'à présent.*

1 Taire se conjugue sur **plaire** mais ne prend pas d'accent circonflexe à la 3ᵉ personne du singulier de l'indicatif présent : *il tait*. Le participe passé *tu* est variable : *Les plaintes se sont* **tues.**

1 Tistre, synonyme de *tisser*, a complètement vieilli et ne se rencontre plus qu'au participe passé *tissu, tissue,* et à tous les temps composés. Au figuré il signifie : *conduire, mener : C'est lui qui a tissu cette intrigue.*

n°		n°			n°

tressaillir, i. 29

tressauter, i. rég. 6

tresser, t. rég. 6

trianguler, t. rég. 6

triballer, t. rég. 6

tricher, t. et i. rég. 6

tricoter, t. rég. 6

trier, t. 15

★ trifouiller, i. rég. 6

triller, t. et i. rég......... 6

trimarder, i. rég. 6

★ trimbaler, t. rég. 6

★ trimer, i. rég. 6

tringler, t. rég. 6

trinquer, i. rég. 6

triompher, i. et ti. rég. .. 6

★ tripatouiller,
    t. rég. 6

tripler, t. et i. rég. 6

tripoter, t. et i. rég. 6

triquer, t. rég. 6

trisser, t. et i. rég. 6

triturer, t. rég. 6

tromper, t. rég. 6

trompeter, t. et i. 11

tronçonner, t. rég. 6

trôner, i. rég. 6

tronquer, t. rég. 6

troquer, t. rég. 6

trotter, i. rég. 6

trottiner, i. rég. 6

troubler, t. rég. 6

trouer, t. rég. 6

trousser, t. rég. 6

trouver, t. rég. 6

★ trucider, t. rég. 6

truffer, t. rég. 6

truquer, t. rég. 6

trusquiner *ou*
    troussequiner, t. rég. 6

truster, t. rég. 6

tuber, t. rég. 6

tuberculiner, t. rég. 6

tuberculiser, t. rég. 6

tuer, t. rég. 6

tuiler, t. rég. 6

tuméfier, t. rég. 15

★ turbiner, i. rég. 6

turlupiner, t. rég. 6

tuteurer, t. rég. 6

tutoyer, t. 17

tuyauter, t. rég. 6

tympaniser, t. rég. 6

tyranniser, t. rég. 6

u

ulcérer, t. 10

ululer, i. rég. 6

unifier, t. 15

uniformiser, t. rég. 6

unir, t. rég. 19

universaliser, t. rég. ... 6

urbaniser, t. rég. 6

uriner, t. et i. rég. 6

user, t. rég. 6

usiner, t. rég. 6

usurper, t. rég. 6

utiliser, t. rég. 6

v

vacciner, t. rég. 6

vaciller, i. rég. 6

★ vadrouiller, i. rég. ... 6

vagabonder, i. rég. 6

vagir, i. rég. 19

vaguer, i. rég. 6

vaincre, t. 60

valeter, i. 11

valider, t. rég. 6

vallonner, t. rég. 6

valoir, i. 47

valser, i. rég. 6

vanner, t. rég. 6

vanter, t. rég. 6

vaporiser, t. rég. 6

vaquer, i. rég. 6

varapper, t. rég. 6

varier, t. 15

varloper, t. rég. 6

vassaliser, t. rég. 6

vaticiner, i. rég. 6

vautrer, t. rég. 6

végéter, i. 10

véhiculer, t. rég. 6

veiller, t. et i. rég. 6

veiner, t. rég. 6

vêler, i. rég. 6

velouter, t. rég. 6

vendanger, i. et t. 8

vendre, t. 53

vénérer, t. 10

venger, t. 8

venir, i. (aux. être) **1** ..23

venter, imp. 6

ventiler, t. rég. 6

1 Venir et tous ses composés autres que *circonvenir, contrevenir, prévenir* et *subvenir* prennent l'auxiliaire **être** dans les temps composés (pour **convenir,** voir p. 117).

Imp. TARDY QUERCY S.A. Bourges. - Dépôt légal : 1er trim. 1979. Edit. N° 5164 — Imp. N° 9197

Imprimé en France